中国传媒大学人文社会科学科研培育项目之青年学者出版资助项目（批准号：CUC14CB02）结项成果

90后的数字化成长

中国高中生手机媒介素养教育研究

于杨 著

中国传媒大学出版社

·北京·

目录

CONTENTS

总 序

时值中国传媒大学成立60周年之际，中国传媒大学人文社会科学青年学者资助项目正式选定了十部支持专著，这是我校在人文社科研究方面所取得的又一成绩。

这套丛书的出版不仅是为了落实学校科研支持政策，更是为了响应国家的号召。2014年，李克强总理与历年国家杰出青年科研基金获得者代表座谈交流时曾提到，人才特别是优秀青年人才是国家科技实力、创新能力和竞争力的重要体现，代表着国家创新的未来。做好这方面的工作，对加快转变发展方式、实施创新驱动战略具有重大意义。作为教育部直属的国家“211工程”重点建设大学和国家985“优势学科创新平台”项目重点建设高校，中国传媒大学在信息传播领域的学术发展也是我国高校人文社科研究发展的一个重要组成部分。

建校60年来，我校在科学研究方面产出了大量的优秀成果。特别是在信息传播领域，我校广大教师正确面对我国信息传播事业飞速发展过程中机遇和挑战并存的复杂形势，迎难而上、克难攻坚，始终保持着饱满的科研热情，坚守着学校的殷切期望，及时、准确地把握国家提供的战略契机，以充分的准备和足够的信心面对挑战、迎接挑战，积极开展多领域、内容丰富的科研工作，收获了累累硕果。在2012年教育部组织的全国学科评估中，我校新闻传播学、戏剧影视学两个学科均排名第一。

目前我校的3个学部（新闻传播学部、艺术学部、文法学部）、1个中心（协同创新中心）和5个直属学院（播音主持艺术学院、广告学院、经济与管理学院、外国语学院、MBA学院）是文科科研和艺术创作的主要力量源泉。同时，学校文科方面还拥有新闻学、广播电视艺术学2个国家重点学科，传播学1个国家重点培育学科，新闻传播学、艺术学理论、戏剧与影视学3个一级学科北京市重点学科，语言学及应用语言学、动画学2个二级学科北京市重点学科；拥有教育部人文社会科学重点研究基地广播电视研究中心等部级研究机构13个和校级科研机构40个，在我国人文社科领域具有相当重要的地位和影响力。

近年来，我校在人文社科领域先后有2人入选"长江学者"特聘教授、2人入选"长江学者"讲座教授、3人入选"新世纪百千万人才工程"国家级人选、25人入选教育部"新（跨）世纪优秀人才支持计划"、2人次荣获国家级教学名师奖、2人次荣获全国优秀教师荣誉称号。更有越来越多的青年教师荣获教育部科学研究优秀成果奖、北京市哲学社会科学优秀成果奖等含金量较高的奖项。众多奖项和数字的背后，凝聚的正是全校思想活跃、朝气十足的广大青年教师夜以继日、笔耕不辍的成果，他们是真正帮助我校文科科研日益发展壮大的薪火相传的主力军。这支主力军的成长得益于两个方面：

一方面，我校立足长远，着力于对广大青年教师进行有计划、有目标的专业培训，加大对青年教师科研项目的经费投入，鼓励青年教师进行交叉学科项目的科学研究。中国传媒大学科研培育项目的设立，有效调动了青年教师的科研积极性，整体提升了我校人文社科的科研氛围与科研能力；邀请国内外专家学者来校开展社会科学研究系列讲座，积极拓展广大师生的学术视野；研究《艺术创作与获奖评价体系》，将科研与艺术创作有效结合，激发广大教师艺术创作的热情；研究《重点学科指标评测体系》，将我校的优质学科与国内外顶尖高校的相应学科进行深层对比，巩固我校两个优势学科在全国的领先地位；打造《中国传媒大学文科科研手册》，方便教师全面了解科研工作情况；建设完成文科科研成果库（一期工程），共收集信息传播领域论文 15500 余篇、著作 3258 册、研究报告 730 余篇，形成了我校自建校以来最为完整的科研成果文献体系；本着“高标准、精投入”的原则，集中一批优秀科研人才，引导广大教师特别是青年教师围绕全媒体、大数据等热点领域积极开展科研工作，营造了一个砥砺切磋的良好学术环境，促成了更多高水平科研成果的产生。

另一方面，我校广大青年教师努力开拓创新，将现代理论有机融合于具体实践之中，在变化中求发展，在发展中谋变化，不断寻找立意新颖的科研课题，以蓬勃向上和不断进取的青春锐气、以孜孜不倦和奋力前行的勇气，扎根于文科科研工作，并不断茁壮成长。青年教师在学校“钻研、精研、深研”的方针指导下，凭借着旺盛的科研热情，在一系列科研、教学比赛和国际学术拓展中取得了令人瞩目的成绩。

此次青年学者出版资助项目就是这些科研成果中的一部分。也正是在优渥的科研鼓励政策的鼎力支撑下，才有了一批30~45岁的优秀青年学者倾心无忧，精心钻研，用心谋划，专心致学，大胆施展才华，安心科研工作，最终促成了“中国传媒大学青年学者文丛”的顺利面世。

学校文科科研的发展离不开青年教师的成长，学校管理机制的完善助力于青年教师的进步。希望我校广大青年教师在科学研究的道路上不畏艰险、勇于创新，不断探索前行！

是为序。

中国传媒大学副校长、教授

廖祥忠

2015年12月8日

绪 论

任何媒介都有能力将其假设强加在没有警觉的人身上。预见和控制媒介行为的方法主要在于避免潜在的自恋昏迷状态。为此,最有效的办法是懂得以下事实:媒介的魔力在人们接触媒介的瞬间就会产生,正如旋律的魔力在旋律的头几节就会释放出来一样。[①]

——麦克卢汉

麦克卢汉的“媒介即讯息”理论告诉人们:任何技术都会逐渐创造出一种全新的环境,这种环境并非消极的包装用品,而是积极的作用机制。[②] 陈卫星教授在解读麦克卢汉的相关理论时说:“他指出,传播中最本质的事情不是表述,而是媒介自身……不管这种媒介传播什么内容,新的媒介的产生就会引起人类社会生活的变化,引起社会结构的变化。他认为,媒介传递的讯息没有什么价值,真正有意义的讯息就是媒介本身的性质所发挥的作用。传播媒介的影响并不是出现于有意识的意见和观念层面,而是出现在感觉比例和知觉类型的下意识层面,传播技术的任何进展都会引起人类事务的规模、步伐或类型上的变化。”[③]人类

① 麦克卢汉.理解媒介——论人的延伸[M].何道宽,译.南京:译林出版社,2011:26.

② 麦克卢汉.理解媒介——论人的延伸[M].何道宽,译.南京:译林出版社,2011:10.

③ 陈卫星.麦克卢汉的传播思想[J].新闻与传播研究,1997(4):31-37.

的文明史就是一部传播技术的发展史，人类在生产劳动过程中不断发明和更新传播手段和技术，从而不断延伸传播的时空距离并扩大传播规模，语言、文字、印刷技术、声像技术、电子技术依次出现，任何新媒介都是旧媒介的补充，最终，手机“人性化”的特点成就了其迅速发展的趋势。

2013年5月，国际电信联盟报告称，目前全世界的71亿人口中有68亿手机用户，这个数字意味着大约每100个人里，就有96个人至少拥有一部手机。报告还预测，到2014年初全球手机用户将超过70亿。同时，联合国有关机构调查显示，到2014年底，世界上移动通信设备用户总数将会超过世界总人口数。① 由于3G和4G网络资费的不断降低，功能手机向智能手机过渡的成本也随之降低，这将进一步扩大智能手机用户的规模。“在2014年，全球范围内预计将有48.9%的手机用户（约22.3亿）每月会至少通过手机上一次网，而在2015年，这一数据有望突破50%。”②We Are Very Social Limited（简称We Are Social，全球最大的社会化媒体传播咨询公司）的调查数据显示，2014年8月，全球社交媒体用户突破20亿人次。这些活跃用户中，超过一半的用户每月会使用Facebook，还有三分之一会使用QQ空间。移动社交媒体的使用率也在上升，目前通过移动设备访问社交网络的用户比例占总访问量的77%。手机像春雨一般，润物无声地融入我们的生活，与人们如影随形，成为“带着体温的媒体”。

手机于1972年诞生，1983年开始生产，用了30多年的时间走过了一段时间短、发展快的历程，从“大哥大”的问世到如今的智能、双核、移动互联手机，手机已经从奢侈品演变为生活必需品，从单一功能发展到无所不能。手机——这一小巧多变的电子科技产品在技术不断更新、应用逐步普及的过程中，对人们、对社会、对文化的影响也越来越大。如今手机不仅成为人们日常生活必不可少的工具，也已成为一种新的文化载体，电子媒介

① 环球网.联合国：手机用户数量2014年将超过全世界人口[EB/OL].[2013-05-13].http://tech.huanqiu.com/comm/2013－05/3929984.html.

② 网易.全球智能手机用户今年有望达17.5亿[EB/OL].[2014-01-20].http://tc.people.com.cn/n/2014/0120/c183175－24173616.html.

在更新人们生活的同时,也更新了人们自身。以美国学者马克·波斯特为代表的新一代批判理论家指出,电子媒介及其所产生的影响日益成为我们社会的中心问题,媒介已经不仅仅是一种技术工具,而是发展成为一种能够改变社会的文化物质力量。

以此观之,手机的力量,已经变得不容小觑。

一、手机的产生与发展

(一)手机的产生

"手机"这个名称在诞生之初是"手提式电话机"的简称,或称"移动电话"。英文名称有 cellphone,mobile phone,cellular phone,handphone,palmphone,walkie-talkie……从英文名称和中文释义中,我们可以简单地勾勒出手机最初所具有的技术和特色。cellphone——蜂窝式电话,mobile phone——移动式电话,handphone、palmphone——手持式电话,handset——手持送受话器,walkie-talkie——步话机。从手机最初的蜂窝式技术、移动、手持、边走边聊等特征可见,这是第一代手机所具有的特点,也是手机出现之初所具有的基本功能。

(二)手机发展历程

中国手机的发展历程大致可以分为模拟手机时代、GSM(Global System for Mobile Communication 的简称,全球移动通信系统)时代、2.5G 时代和 3G 时代,也可以笼统地分为 1G、2G、3G 时代。2013 年 12 月 4 日,工业和信息化部正式向中国移动、中国电信、中国联通颁发三张 TD-LTE(Time Division Long Term Evolution,分时长期演进)制式的 4G 牌照,这标志着我国电信产业正式进入了 4G 时代。

第一代手机以模拟移动通讯系统(1G)为基础,而后发展到数字通讯(2G)时代,GSM 和 CDMA(Code Divison Multiple Access,码分多址)以及PHS(Personal Handy-phone System，个人手持式电话系统，俗称“小灵通”)均属于第二代手机。数字无线电技术的引入提高了网络容量，改善了通话质量及手机的保密性，使手机除了具有通话稳定、清晰、容量大、全球漫游等功能之外，还可以收发短信、彩信、上网、听广播、拍照、摄像，手机增值业务的开展开始让人眼花缭乱。

进入第三代移动通信技术(3G)时代，手机实现了历史性的蜕变。3G手机具有高速率数据传输、多媒体的视听盛宴、个性化的自制领地等特点，具有宽带上网、手机音乐、移动视频、互动游戏、可视电话、视频下载、即时通讯、手机支付、定位导航、金融理财等功能，同时操作系统具有开放性，手机可以与社会日常生活的各方面相互融合，自由组合成不同的手机媒体形态，并由此进入智能手机阶段。“智能手机有个‘父亲’是电脑，‘他’遗传给智能手机计算能力、存储能力；智能手机有个‘母亲’是手机，‘她’遗传给智能手机通信能力。智能手机融汇‘父母’的能力，产生的新能力是智能感应，其为智能物流、智能交通管理、智能健康管理、移动电子商务等创造了机会。”①

在人类文明的发展史上，还没有哪一种媒介像手机那样发展得如此迅速，其推陈出新的速度令人目眩，从第一代到第三代经历了不过短短二十多年的时间，其款式已经不止千种。② 随着移动终端功能的增强和移动网络技术的发展，手机已经成为越来越多的人获取信息的重要方式：用手机可以听音乐、看小说、读新闻、看电视……手机的信息获取功能已经在慢慢和通信功能分庭抗礼了，并开始扮演信息传播和文化娱乐的新角色。手机具有其他大众媒体无可比拟的独特优势——比电脑普及、比报纸互动、比电视便捷。可以说，没有哪一种媒体能够拥有如此庞大的潜在用户群，也没有哪一种媒体可以像手机那样深入受众。③

---

① 项立刚. 移动互联网宣言[EB/OL]. [2012-07-13]. http://blog. sina. com. cn/s/blog_5854ac960102dx41. html.

② 孙慧英. 多重视域下的第五媒体文化研究[M]. 北京：北京邮电大学出版社，2010：26.

③ 黄瑞玲，肖尧中. 现代人际传播视野中的手机传播研究[M]. 长春：吉林大学出版社，2010：46.

二、手机的媒体化及其特征

(一)手机媒体化

按照出身来说,手机是通信工具而不是媒体。手机作为通信工具的地位是与生俱来的,而手机作为媒体得到承认则有一个逐步演化的过程。

那么,手机是如何媒体化的呢?

众所周知,媒体是传播信息的工具和载体。手机发展成为媒体,经历了短信、手机无线上网、移动通话融合移动上网几个阶段,手机网络化使手机媒体化的趋势越发明朗。手机报纸、手机电视这些传统媒体嫁接手机的无线增值业务渐露端倪。纸媒、广播、电视、网络,在这四大媒体之后,“第五媒体”成为手机的代名词。当然,“第几”不重要,重要的是手机作为媒体的地位开始确立。

3G 手机的应用和普及,使手机媒体开始大规模发展,从此手机能够以超强的数据传输能力处理图像、音乐、视频等多种媒体形式,提供包括网页浏览、电话会议、电子商务等多种信息服务,几乎能全面实现固定网络所具备的所有功能。3G 时代,手机将由移动的个人通信终端全面进化为移动的个人多媒体终端。

在从通信终端逐渐演变为多媒体终端的过程中,手机越来越媒体化了。① 但这一趋势最初并没有被人们注意到,只有手机媒体终端具有了一定的规模、集合出商业价值时,才引起了社会的关注。在我国,最早是由移动运营商针对手机信息传输的技术特点和传播功能提出手机是媒体的概念。② 2001 年,中国社科院新闻与传播研究所网络与数字传媒研究室主任闵大洪在文章中提到:“手机技术的发展使其媒体工具的特性越来

---

① 孙慧英.多重视域下的第五媒体文化研究[M].北京:北京邮电大学出版社,2010:15.

② 魏丽宏.关于我国手机媒体研究的文献综述.[J]新闻爱好者.2011(2):70-73.

越彰显……手机正在成为媒体工具”。[①] 随后，学者们开始从手机的媒体特征和媒体优势两方面界定手机媒体。

首先，是将手机的媒体特征作为主要特点。比如，学者匡文波曾指出，“手机媒体是通过手机进行信息传播的工具”；学者孙慧英则认为，“随手、移动、同步、异步、全民、平民、开放、私密、交互、叠加、个性、人性、全媒体、自媒体”是手机媒体的特征。学者朱海松在《第五媒体：无线营销下的分众传媒与定向传播》一书中将手机媒体定义为：“手机媒体是以手机为视听终端、以手机上网为平台的个性化即时信息传播载体，它是以分众为传播目标，以定向为传播效果，以互动为传播应用的大众传播媒介，也叫手机媒体或移动网络媒体。”

其次，是将手机的媒体优势作为主要特点。比如，学者项立刚认为，“手机是到目前为止所有媒体形式中最具普及性、最快捷、最为方便并具有一定强制性的媒体平台”，“手机通过短信、彩信、手机上网等应用，已经成为一个活生生的掌上世界，手机媒体所体现出来的特征综合了其他媒体的优势，可以称之为‘媒体之集大成者’”。[②]

最后，是将手机的媒体特征和优势相结合。比如，学者赵占波认为，“与传统媒体相比较，手机已具有便携性、移动性、个性化、多媒体融合、传播速度快、范围广、互动性强、传播效果好等媒体优势和特点”。

随着3G技术的推广，手机通过对传统媒介形态的整合，完成了自己的媒体化进程，成为继互联网之后的另一个新兴媒体——“第五媒体”。移动通信技术的快速演变以及手机操作系统所具有的开放性，使得手机媒体可以与社会日常生活的各方面融合，进而在手机上自由搭配出不同的手机媒体形态：与上网搜索搭配就变成移动互联网，与阅读搭配就变成了手机出版物，与娱乐消遣搭配就成了手机游乐场，与GPS地图搭配就变成了手机定位服务（导航系统），与金融购物搭配又变成了手机支付工具……今天，手机已经彻底告别了当初的只是具有移动、手持、通话、边走

---

① 闵大洪．手机正在成为媒体工具[J]．中国传媒科技，2001(6)：10-12.

② 魏丽宏．关于我国手机媒体研究的文献综述[J]．中国传媒科技，2011(2)：70-73.

边聊等特性的通话工具时代,变得越来越媒体化了。

2013年底,中国电信产业进入4G时代,意味着中国进入了高速无线上网时代。4G的速度将是3G的10倍,并且资费更便宜。工信部新闻发言人张峰说:"4G具有上网速度快、延迟时间短、流量价格低等特点,能够有效实现移动状态下的高速数据业务。随着我国4G网络的建设发展,4G不仅可以更好地满足移动用户高速无线上网的需求,而且将促进移动互联网业务应用持续深入,推动移动生产办公、移动电子商务、移动交通物流、智慧家庭等行业信息化服务不断扩展,并将催生更多的业务形态和服务模式,让更多的用户享受到4G发展带来的成果。"4G序幕的拉开,标志着中国移动通信终于步入上网速度更快、业务应用更多、流量价格更低的新时代,未来能用手机处理的事情将越来越多,手机将成为贴身的"移动电脑",对人们的影响也将越来越大。

2014年7月21日,中国互联网络信息中心第34次《中国互联网络发展状况统计报告》显示,截至2014年6月,中国网民数量达6.32亿,其中,手机网民规模5.27亿,网民上网的手机使用率达83.4%,首次超越传统PC(personal computer,个人电脑)80.9%的使用率,手机作为第一大上网终端的地位更加巩固。网民在手机电子商务类、休闲娱乐类、信息获取类、交流沟通类等应用的使用率都在快速增长,移动互联网带动了整体互联网各类应用的发展。未来手机集成性移动平台的特征将更加凸显,手机将发展成为人们"个人信息处理"的中枢。

(二)手机媒体的特征

在过去的几年中,手机用户不断扩张,有人认为,手机用户的数量在迅速赶超PC的用户数量,并很快要取代PC上的互联网应用。这就是说,靠笔记本电脑、掌上个人助理接收的新闻、图像等信息,很快就可以用手机来接收了。[①] "电脑把人类一切媒介集于一身,开创了一个与物质世

① 莱文森.手机:挡不住的呼唤[M].何道宽,译.南京:南京大学出版社,2004:5.

界迥然不同的虚拟世界”“互联网已然是媒介之媒介，手机则更胜一筹，它是移动之中的媒介之媒介，它把你从电脑边解放出来。”[①]手机之所以如此让人无法拒绝，保罗·莱文森认为是手机本身具有的人性化趋势让手机越来越智能化，这是由手机所具有的技术特性决定的。人类的媒介历史在理性选择中发展，任何一种后继的媒介，都是对过去的一种媒介或某一种先天不足的功能的补救，未来，手机将发展成为“带着体温的媒体”。笔者将从手机媒体所具有的技术、传播、媒体特征等来梳理手机的特征，从不同的侧面来更加全面地认识手机媒体，为手机素养内涵的建构提供现实依据。

1.技术特征

(1)随身性

手机应用之初，像砖头一样的“大哥大”随着技术的车轮滚滚向前已经被人们封存在记忆中。如今的手机机身小巧，携带方便，尽在“掌”握，即便是最轻薄的笔记本电脑重量也要以公斤计算，而手机却只有100克左右，握在手中，装在袋中，丝毫感觉不到它的重量。轻便、随手的特点让手机变成了最具特色的媒介。

(2)移动性

手机媒体可以随着人的活动转移，具有可移动性和贴身性。它作为一种移动媒介不再将人的传播活动限制在固定的区域内，人们利用手机可以随时随地打电话、发短信、发邮件、浏览信息，并且随着网络技术的发展和通讯技术的进步，手机媒体的信息传播活动不再受到地理因素的限制，成为真正的全球传播的媒介工具。

(3)个性化

手机媒体作为一种个性化的媒介可以满足使用者个性化的需要和服务，同时也使得手机媒体具有私密性。手机有着不同的款式，可以播放不同的铃声，这些都反映着其个性化的特点，使手机成为彰显个性的媒介工具。智能手机开放的操作系统，可以根据个人需求安装更多的应用程序，

---

① 莱文森.手机：挡不住的呼唤[M].何道宽，译.南京：南京大学出版社，2004：6.

使智能手机的功能得到无限扩展。

(4)互动性

相对于传统媒介的单向传播方式而言，手机媒体的传播过程则是双向传播。手机微博、社交网站的推广和应用使得每个使用者既是传播者又是受用者，手机用户利用手机充分参与到了信息的传播过程中，在主动获取自己所需信息的同时又能及时发布自己的观点和想法。

2.传播特征①

手机已不仅仅是科技进步和人类文明的见证，作为一种最新型、最普遍的新兴媒体形式，它的传播模式深刻地影响了当代社会的发展。

(1)兼具人际传播与大众传播的特点

在传播学领域，学者们将传播形态分为自我传播、人际传播、组织传播和大众传播四种形式。其中，人际传播与大众传播是社会生活中最普遍、最直接、内涵最丰富的两种传播形式。人际传播以一对一或一对多的形式进行传播，既可以是直接的、面对面的交流，也可以是间接的、非面对面的交流。人际传播具有很强的交互性和反馈性，信息反馈的实时、持续发生，有利于提高信息交流和传播的深入度及精准度。因其互动性，信息的传播者和接受者可以控制传播的过程和内容，但是传统意义上的人际传播是一个闭环，传播形式受限，且个人的信息量又非常有限，这使得信息的接受者数量较少，信息传播量也很有限，信息传播无法有效地持续。

大众传播是指"由组织化的传播机构和组织化的专业人员创作传播内容，运用大众传播媒介，向广大但不确定数量的人群密集、大量地传递信息的行为"。大众传播是一种点对面的单向传播活动，即由传播者主导的、面向广大受众的、有组织的、大规模的定向活动。大众传播具有信息量大、受众数量多、地域分布广的特点，同时也存在传播者的目标不明确、受众被动、选择性差、互动性差、传播效果难以评估等缺点。

① 卢壮壮.手机媒体传播特点分析：每个人都是媒介中心[J/OL].今传媒，[2011-04-20].http://industry.epuber.com/2011/0420/179.shtml.

手机媒介打破了人际传播与大众传播的限制，既可以通过通话、短信、即时通讯进行人际传播，也可以通过手机微博、社交网站发布信息，进行“大众”传播。

(2)传者与受众的界线模糊化

在传统大众传播过程中，受众之所以被称为受众，是由于其只能被动地接受传者所传播的信息。在3G和4G移动通讯的推动下，只要一部手机，就能轻松完成文字、图片、音频、视频等信息的上传、浏览、下载等。手机便捷性、移动性、集成性的特点，使手机逐渐取代相机、摄像机，成为人们采集信息、记录生活的重要工具。微博、社交网站平台搭建起“人人都有麦克风，每个人都是媒介中心”的时代。手机比网络媒介拥有更广泛的受众，这也就意味着它拥有更广泛的信息发布者。手机将原有的“传受”格局彻底打破，传统传媒再也无法独占信息发布者的地位。

(3)手机传播的开放性模式

手机媒体是借助手机进行信息传播的工具，是名副其实的“5A”(anyone，anytime，anywhere，any information，any media)媒体，即任何人在任何时间、任何地点都可以传送或接收任何媒介表现形式收发的任何信息。手机兼具人际传播和大众传播的特点。手机既可以作为信息的接收端，也可以成为信息的发送端。手机传播既可以实现点对点的人际传播，也可以实现点对面的大众传播。两种传播类型相互融合，从而实现传播速度快、范围广的优势。

手机传播模式越来越具有开放性：

第一，传播过程的开放性。在传统的大众传播活动中，信息在传输过程中受到传播者的层层把关。在人人都是媒体的前提下，信息接受者的评论、回复以及转发活动，不断糅合进传播者的信息传播过程，使得信息量越来越大，传播越来越广泛。

第二，信息主题的开放性。在人人都有麦克风的时代，传播的话题不是权威机构所能够预设的，手机微博、社交媒体关注的内容、传播的信息，在影响力达到一定程度后，也经常被传统媒介所关注、所采纳。信息传播的主体不再是按照提前约定的规则和内在逻辑发展下去，而是以基本话题为中心向外辐射，关联许多相关话题，信息内容更加丰富，传播效果也更强大。在整个传播过程中，手机媒体的交互性和即时性决定了信息在每一个网络节点都可以全面发送，进行信息的交互和即时反馈，从而实现传播效果在深度和广度上的延伸。

第三，传播主体的开放性。手机媒体打破了传统大众传播主体的权威性，挑战了“把关人”的权威地位，实现了传受双方的对等性。多个主体的出现，呈现出传受主体的多元交互性及权利的分解与集中等特征。因此可以这样说，手机媒体的传播形态是一种高度整合的社会性传播。

第四，信息传播形式的开放性。手机“第五媒体”说认为，手机是报纸、广播、电视、网络的集合体，它的多媒体性是大众传播技术的又一次革新。从这个观点出发，可以将手机称为“第五媒体”，它是传播文本、视听、娱乐等多媒体信息的互动性传播工具。①

3.媒体特征

(1)多媒体融合性。手机媒体融合了报纸、杂志、广播、电视、互联网等所有媒介的内容和形式，成为一种新的媒体。手机将文字、图片、音频、视频等多种信息表现形式集于一体，信息传播手段呈现出多元、融合的特点。

(2)用户群体数量庞大。工信部最新数据显示，截至 2015 年 12 月底，我国手机用户数达 13.06 亿，手机用户普及率为 95.5 部/百人，比上一年提高 1 部/百人。

4.情感特征

(1)个人化情感

手机作为个人化的随身媒介可以满足使用者个性化的需求和服务。手机出厂时根据目标用户不同设计了不同的机型，如适合老年人使用、功能简单的老人机，适合商务人士的商务型手机，适合时尚人士的时尚型手

① 范玥.手机媒体传播功能研究[D].乌鲁木齐：新疆大学，2011：6-10.

机。即使是同一个机型，手机也可以个性化设置桌面、铃声、来电显示等。另外，智能手机的开放性平台，更为手机个性化使用提供了无限可能，用户可以根据自己的兴趣选择下载娱乐工具、资讯客户端、社交软件等，每一款软件专属于自己的用户名和密码都是个人化的网络标签。同时，手机相册、个人通讯录、通话记录、短信微信内容、发表的微博客以及私人日程安排、备忘录内容等，都隐藏着个人的秘密与情感。在使用过程中，个人的情感也通过将通讯录中与自己关系密切的人设置成不同的名字、铃声并配有照片等行为表现出来。有选择地接听电话、回复短信以及在社交软件中标注自己的在线、离线、繁忙状态等，都表现出手机所具有的个人化情感。

(2)亲密性情感

随着数字、通信、媒体技术的不断发展，手机与计算机、互联网和通信工具相融合的特征越来越突出，智能手机开放的操作系统，使手机功能得到无限扩展。新闻资讯客户端让你随时随地了解天下事、参与评论、转发分享；音视频软件让你随处尽享娱乐、观看直播；社交软件让你随时与远在天边或近在眼前的朋友分享互动；游戏更是让你随时忘却烦恼，在虚拟的世界中纵横驰骋。手机在个人使用、互动、娱乐、游戏的过程中，与使用者的情感不断升级，超越了技术、地理、物理、心理和时间的差距，模糊了现实世界与情感世界。手机与人类情感上的这种亲密关系，形成了手机黏性，Larissa Hjorth 和 Sun Sun Lim 称之为一种"情感殖民"，其混淆了感性与理性、现实与虚拟，这将形成一种强烈的情感文化，并将工作、家庭和关系都包含其中。[①] 人类与手机情感上的亲密性成为使用者自我迷失以及手机成瘾的根源之一。

(3)依赖性情感

手机与现代人之间的亲密关系，使现代人都不同程度地患上了手机依赖症，每天的生活在手机中开始，在手机中结束：吃饭在点评团购类 APP 上选择美味，出门用滴滴等各类打车软件，购物在手机 APP 上实现，用余额宝

① HJORTH，LIM S S. Mobile intimacy in an age of affective mobile Media[J]. Feminist Media Studies，2012，12(4)：477-483.

理财，用安居客找房子，水电费在手机上缴纳。对于“80后、90后”的消费者来说，什么事情都能用智能手机解决。2015年底，美国德勤咨询公司发布的报告《移动消费大未来：2015中国移动消费者行为》指出，在受访者中，58%的消费者每天查看11次至50次手机，20%的用户每天查看手机超过50次，智能手机上瘾症在当下中国已经成为普遍现象。

人们对手机依赖情感的泛滥带来的社会问题越来越多，如焦虑、疲惫、碎片化、浅阅读、健康问题、心理问题等，更令人担忧的是，手机依赖症还在向低龄化蔓延，科技在改变生活的同时，也让人们在不知不觉中被科技控制，如何合理使用智能手机，营造健康的移动生活需要全社会行动起来。

5.手机兼具私人性与公共性特征

假设一个人不小心丢失了手机，他（她）最担心的是什么？笔者认为应该是个人信息的泄漏，也就是个人信息安全问题。由此能够看出手机承载了很多不便或不能告知他人的各类信息，这些信息一旦泄漏，可能会给手机所有者带来不良影响甚至伤害，因而手机具有私人性特征。

手机还因其通信与媒体功能而具有公共性特征，目前，手机用户众多、受众广泛、覆盖面大，超过人类发展过程中的所有媒介。同时其强制性推送功能，能够保证信息到达的及时性和到达范围，因此，手机可以应用于社会服务和公共管理，如政府在灾难性天气、突发事件前通过手机向广大民众发布信息，就是利用手机开展公共服务的例证。在国际上也不乏此方面的案例：2009年密歇根州立大学的学者Holtz、Bree、Whitten和Pamela在国际传播学会会议上，发布了关于“将手机用于哮喘病患者的可行性”的研究，该研究旨在探讨通过手机跟踪服务该类患者，以提高患者对自己病情的认知并普及相关保健知识，同时加强患者与自己私人保健医生的沟通与交流。如果研究结果显示手机运用于医疗服务是有效的，那么手机的公共服务潜能就值得不断开发。[①]

① HOLTZ，et al. Utilizing Mobile Phones to Manage Asthma[R]. Michigan：International Communication Association，2009.

同时，也有研究人员发现了手机在提高人们信息素养、数字素养方面的潜在优势，因此，手机也可以作为提高偏远地区居民以及特殊群体信息能力、公民素质的一种手段。

例如，美国康涅狄格州教育部与格林威治公立学校的研究项目探究了在学校应用技术手段提高青少年素质的问题，文章讨论了如何通过在线课程拓展教学科目和培养教学主体（包括学生本人）的素养，同时也讨论了手机短信和即时通信这些被认为对教育不利的因素，还讨论了如何提高学生的技能素养以及如何将人工智能软件应用于写作教学等问题。[①]

又如，2012 年，澳大利亚政府为提高偏远地区原著居民儿童的文化素质，创新性地尝试将手机作为一种教学途径进行考察。该研究围绕偏远地区居民每天的手机使用展开，在“内置资源”概念的指导下，研究认为，要了解一个地区人们的信息素养，最好的角度是考察本地区社会实践因素对人们社会实践的影响。该研究调查了 95 位当地居民的手机实践活动，研究发现了偏远地区人们手机应用中的关系特征。该研究表明，要考察一个地区人们日常的交流与沟通情况，必须参考当地人的社会实践活动，人的实践是社会研究的“内置资源”，这一点非常重要。[②]

手机具有的公共性特征是人们研究手机媒体在公共服务中作用的客观依据。

---

① STERNBERG, et al. Enhancing adolescent literacy achievement through integration of technology in the classroom[J]. Reading Research Quarterly, 2007, 42: 416-420.

② AULD, et al. Using mobile phones as placed resources for literacy learning in a remote Indigenous community in Australia[J]. Language & Education: An International Journal, 2012, 26: 279-296.

第一节 本书的缘起

一、问题的提出与研究意义

(一)时代背景

1.全球化与风险社会

我们生活在一个全球化的时代,政治、经济、科技、文化的全球化对促成风险社会具有关键性的影响。当代中国正在经历着深刻的社会变迁。一方面,随着全球化步伐的加快,中国正在步入全球风险社会,生态、金融、军事、生化、信息、恐怖活动等方面的风险需要全人类共同应对;另一方面,随着改革开放的全方位推进,中国步入了社会结构的全面转型时期,社会矛盾凸显、公共风险高发,转型风险也成为中国必须直面的一个现实问题。

贝克在论述"风险社会"时认为,我们正处于从传统现代性向反思现代性的转型过程中,现代风险是一种后工业化导致的副作用,是基于全球化背景的全球性风险。中国不可避免地被裹挟进全球性的风险社会中,同时,中国的风险问题展现出比西方社会风险问题更大的复杂性:在全球化进程中,中国在社会转型过程中一方面面临着西方发达工业国家的"全球性示范"的压力,一方面又经受着世界发展所带来的风险社会的影响,这一切让中国经历着一个"压缩的现代化",这种现代化既增加了风险发生概率,又未给风险制度化预期和管理留下时间。

同时,风险社会也是一个机遇社会(opportunity society)。贝克在一系列论著中勾勒了一幅解决风险社会的蓝图:公众、专家和政治家们应当充分参与决策过程,而不只是由专家和决策者们关起门来进行协商。风险社会通过相互依附性催生了新的革命性力量,并赋权于国家和公民以展开行动。全球风险社会迫使我们承认世界的多样性，而这种多样性则会被国家观(national outlook)所忽视。全球风险开启了一个道德和政治空间，它可以孕育一种超越国家边界和冲突的公民责任文化。①

2.信息化、数字化与网络化

人类社会已经正式进入信息社会，信息化、数字化和网络化成为这个时代的特征。在之前的工业社会中，战略资源是资本，而在信息社会中，战略资源是信息，社会各个领域的生产、服务、管理和生活的各个层次及不同方面都在应用各种信息技术，开发利用各种不同形式的信息资源，以不断促进社会、经济、科学技术发展，提高人民生活质量。社会信息化的结果就是大家可以共享全社会的信息，但这首先需要掌握获得信息、理解信息、利用信息的方法和技术。是否能充分利用层出不穷的信息技术设备，成了现代人能否占有竞争优势的一个重要方面。

数字化技术中的“比特”已逐渐成为信息化社会中生存环境和生存基础的DNA。数字化正在悄悄地不断涌入我们的生活，正在并将继续给我们带来高效率的生产、高质量的产品和高品位的生活。电话的普及就是得益于数字程控交换机；在这一过程中，模拟手机换成数字手机，各种游戏机和VCD、DVD视盘大量进入千家万户，数字音频广播和数字电视“大踏步迎面而来”，Web TV已经出现，五花八门的数码相机产品和广告令人眼花缭乱，数字化的电子杂志、报刊和图书以及数字图书馆都已成为我们生活的一部分。数字化的电子消费产品更是目不暇接，我们周围的电子设备都在走向数字化。

人类已开始进入网络时代。由于网络化，我们可以突破时间和空间的限制，把整个世界连在一起。当前的Internet就是一部通过通信线路，把遍布全世界大大小小的网络和计算机连接起来的、人类有史以来最大的虚拟机器。有意思的是，人类也成了这部机器的一部分，这样就形成了

① 贝克，邓正来，等.风险社会与中国——与德国社会学家乌尔里希·贝克的对话[J].社会学研究，2010(5)：208-231.

一个与物理空间相对应的信息空间。

社会信息化、设备数字化、通信网络化，人类社会正在悄悄而又实实在在地发生着变化，人类的生活、工作、学习和娱乐方式也在不断发生着变化。新技术引起的革命正在进行，人类必须做好迎接挑战的准备。

3.知识社会与终身学习

以数字、信息技术、互联网为基础的新技术正在重构一种新的社会环境，终身学习、知识社会成为这个时代的标签。学校教育不能让人受用一生，知识也不能由少数人垄断，创新和知识是未来社会的核心，人只有通过不断学习、终身学习才能够不被时代所淘汰。

4.参与文化与在线协作

随着互联网技术的发展，新媒介逐渐渗透到普通人的日常生活中，极大地影响了人们的认知习惯和生活方式。新媒介环境和参与式文化赋予了公民与媒介互动交往的能力以及进行信息传播活动的权力，这种新的信息传播方式打破了原有传统媒介垄断话语权的局面，从根本上改变了传播形态。由此可见，新媒介的及时性与互动性使得公民在新闻信息传播活动中发挥了积极主动的作用，同时也使“以平等主义、权力下放、自由空间和兼收并蓄为表征的民主化语境变成了现实”，从而推动了社会民主化程度的不断提高。

参与式文化完全颠覆了传统媒介文化，使受众地位由被动转为主动，开始积极地与媒介和社会进行互动。“这种媒介使用行为不仅会改变青少年自我认同与他者评价的思维方式，而且还会通过参与式文化行为来改变现有的世界秩序。”①数字化参与、在线协作和信息过滤方法，将使具有联网意识的人更有力地掌握自己的命运。Hobbs 认为，提升媒介素养的目标在于“通过分析、推理、传播和自我表达技能的发展来提升自主权(autonomy)”。新媒介素养更强调促进个人与媒介、个人与社会良性互

---

① 牛光夏.参与式新闻浅析[J].青年记者，2006(22):68-69.

动的发展，它不仅仅是一种媒介素养，更应当成为公众的一种基本社会技能和素养。

媒体素养是一种特殊的文化资本。媒介已经渗入我们的世界，它扩充了我们的视野，也让我们丧失了心无旁骛的能力；它丰富了我们的生活，却又让生活变得复杂繁乱。[①] 人们在一种新媒体兴起的头几年里如何使用它，往往能深刻影响其几十年的命运，决定着它是被合理利用还是滥用。

各种媒体的使用究竟给我们的思维和社会关系带来了什么影响，这还有待研究。但那些用心的数字媒体用户已经积累了一些使用经验，并使人们从中获益。“素养”带有“技能”的含义，但在今天，“单打独斗”的技能是不够的——素养应是技能和社交能力的结合。有了社交能力，人们才能齐心协力地使用技能来创造价值。当下的新素养不仅要求人们掌握特定的技能，还要求人们在社会环境中与他人通力合作，共同探索有效使用技能的办法。

新媒体是培育公众参与式文化的重要途径。五种关键素养具备改变世界的能力，它们是专注、参与、协作、对信息的批判性吸收（垃圾识别）以及联网技巧。当足够多的人掌握了这些素养，欣欣向荣的经济形势、政治面貌、文化土壤和社会动态即会呈现。反之，假如这些素养无法普及，人们很有可能被不良信息的汪洋大海淹没，信息错漏、信息不足、广告泛滥、垃圾资讯、色情信息等问题都将成为烦恼来源。……信息在数字技术的辅助下得以自由流动，若加以合理应用，将大有可为。但如果人们不知道如何吸收、过滤、评估和消化信息，不知道如何通过参与和协作完善信息，也不知道何时何故应该关上电子设备、拒绝接受信息，信息对我们将有百害而无一利。[②]

---

① 莱茵戈德. 网络素养：数字公明、集体智慧和联网的力量[M]. 张子凌等，译. 北京：电子工业出版社，2013：5.

② 同上。

(二)现实困惑

1.手机迅猛发展

在我国,据工信部统计数据显示,截至2014年5月底,中国手机用户数量已经接近13亿,国内90.8%的人都在使用手机。2014年7月21日,中国互联网络信息中心(CNNIC)的第34次《中国互联网络发展状况统计报告》显示,截至2014年6月,中国网民规模达6.32亿,其中,手机网民规模5.27亿,网民上网设备中,手机使用率达83.4%,首次超越传统PC 80.9%的使用率,手机成为第一大上网终端。手机已经发展成为技术更新最快、应用最广泛、影响最大的媒介之一。

2.手机发展中面临的问题

(1)新技术传播与交流的局限

作为信息传播技术形态的媒介,无论多么新颖,要创造出信息都需要其本身和环境的互动,也就是和人的互动,成为人进行创造性表达的手段和工具,从而展开信息再生产和理论再生产的新篇章。

人类总是处在不断的交流之中,以计算机和手机为代表的数字媒介给人类社会交往中的信息传播带来了平等与互动的“乌托邦”,但同时也出现了“反乌托邦”的可能。因为尽管数字技术应用极其灵活广泛,但同其他任何一种工具或者技术一样,数字技术也具有其相应的社会适用范围。因此,无论对于哪一种媒介而言,物质条件都扮演着至关重要的角色。

手机媒介的技术可能性与现实实践性之间存在力量角逐的空间。对于人类历史而言,技术环境和制度环境深刻影响了信息的可利用程度以及传播渠道的开放性。手机媒介为人们提供了随时随地、自由平等沟通与个人自治的可能,同时也为政治权力的集中和实施提供可能;手机媒介在给公民、消费者和普通使用者提供更多的选择机会和个人自治的同时,也给他们的隐私和个人自治带来被侵犯的可能。因此,以计算机、网络、手机为代表的新媒介技术为人类带来的到底是自由还是约束？是政治的民主还是集中？是信息的多元还是隐私的被侵犯？上述这些问题的答案存在于手机媒介的使用者与人类社会、政治、经济、文化、物质条件相互作用、相互适应的过程之中。虽然新技术重新界定了可能性与不可能性，但它并未准确地预测什么能够成为可能。因此，技术的社会应用必须植根于物质。这种应用往往需要经历一系列漫长的、累积式的发展，逐渐被人们所认识和重构，并且经历"文化的创造"。

在整个人类历史中，人类一直在改进自身的信息接受能力和吸收能力，同时又设法提高自身传播信息的能力、速度、清晰度和便利性，不断更新对信息传播技术和方法论的思考，使传播成为社会发展的生产性要素。"信息的可利用性(availability)——在特殊的历史语境和文化语境中，仅仅由特定的社会个体所掌握的内容——受到物质工具和思维判断标准的影响。"[①]与此同时，"信息的易得性(accessibility)——那些由特定的个体所掌握的内容——既成为信息与传播技术发明和普及的目的之一，也成为教育并提高社会上不同群体识文断字能力、计算能力和交往能力的目的之一"[②]。因此，个体可以通过接受媒介教育来提高思维能力，提高对信息的认知，参与社会交往，提高个人自治、民主参与，这对于个体和社会而言都具有重要的历史意义。

(2)手机对人类的异化

"异化"主要指具有自我意识及主体能动性的人类亲手完成的创造物，成为一种异己的力量，它外在于人、独立于人、不以人的意志为转移、与人疏远或隔膜，却转过来支配人、束缚人、压迫人、奴役人。手机作为信息技术发展的新兴信息传播平台，成为继传统媒介、互联网媒介之后的重要媒介，手机本身所具有的人性化趋势，让人无法拒绝，成为"黏在人身上的媒介"，这将进一步加深人类的交往异化、休闲异化、消费异化、审美异

① 延森.媒介融合：网络传播、大众传播和人际传播的三重维度[M].刘君，译.上海：复旦大学出版社，2012：7.

② 同上。

化、思维异化。[①] 对此，保罗·维利里奥提出的“内部殖民化”概念形象地说明了媒介对人类思维的控制。维利里奥认为，“技术正被用来对人类的身体进行殖民，这种殖民已经替代了以往的殖民焦点（即对世界进行殖民）。也就是说，殖民的焦点已经从领土转移到了肉体”。[②] 现代传播媒介拥有无与伦比的技术力量，媒介可以通过技术力量直接联系到每一个个体，从内部进行控制，实现身体殖民和意识殖民，从而实现对思想的绝对统治。

总之，媒介左右了人们的日常生活话题，左右了人们的语言，左右了人们的思维、价值观及世界观。在大众传播时代，媒介技术越来越发达，信息传播的渠道越来越多，但人却有可能越来越不能自由地思考。手机的普及和发展，加剧了媒介对人类“异化”的进程，如何有效地使用手机媒介而不是成为手机的奴隶，是我们在手机使用中一定要思考并解决的问题。

(3)手机发展的阶段性问题

手机媒体作为一种新兴媒体，其新鲜性、活跃性已被人们感受到，但由于其正处于发展时期，必然会暴露一些缺陷。手机媒体的优势，换一个角度来看，也正是产生诸多问题的根源。

手机媒体在让人们获取、分享信息的同时，也为谣言、邪教宣传、黄色信息的传播提供了便利条件，垃圾短信和恶性病毒对手机用户的困扰也在增加，信息安全更是越来越没有保障。同时还出现了手机自身内容缺乏原创性、手机内容的监管存在问题、手机用户资料成为新商品等一系列问题。要解决这些问题，一方面需要政府及相关部门加大对手机信息传播、商业运营的监管力度，尽快出台法律法规规范手机行业的运行与管理；另一方面，需要手机用户不断提高自身的手机媒介素养，提高自身适应、利用新媒体的能力，并提高自身的公民意识与公民素质。从制度层面与手机用户两

---

① 赵瑞华.媒介化生存与人的异化[J].新闻记者，2010(2)：29-31.

② 瑞泽尔.后现代社会理论[M].谢立中等，译.北京：华夏出版社，2003.转引自樊葵.论媒介崇拜[J].当代传播，2007(5)：18-20.

方面入手，才能降低手机新媒体初级阶段的社会风险。

总之，手机媒体的发展仍处于不成熟阶段，技术发展的瓶颈、信息内容的流转性、监管机制的缺失、法律手段的真空使信息风险、金融风险、人身风险、社会风险并存，在商业利益、经济利益的驱动下，政府、企业、通信运营商相互博弈。手机用户如何提高防范意识，加强对各类风险的规避，提高自身应对高风险社会的能力呢？手机素养为我们提供了一种思考和分析框架。开展手机素养研究、提高公民的手机素养水平，是信息社会人们提高公民素养的一种途径，这具有很强的理论价值和现实意义。

二、研究对象

（一）研究对象——为什么选择高中生？

1.手机媒介环境对高中生成长利弊兼存

在青少年所处的社会系统中，与家庭、教室等构成的个人生活网络系统一样，大众传播媒介和政治、经济、文化组织一同构成了影响青少年的外层系统。大众传播媒介的传播活动构成了青少年所处的媒介环境。手机因其方便、快捷的特点，成为现代人必备的随身物品；手机因其个性、时尚、人性的特点，成为年轻人的时尚新宠。手机无处不在，人们在咖啡厅里看视频，在剧院使用社交网络，在等候室玩游戏，在店铺扫描二维码——这就是新崛起的“手机一族”的生活写照。他们使用智能手机打发无聊的时刻，快速获取信息，装点生活碎片——获取信息意味着完成一个快速的任务和体验一个好玩的瞬间；他们用行动重构购物路径，重新定义文化。手机之所以普及得如此迅速，正因为它又能“说”、又能“听”、又能“看”，还能拍照，使人回归到原始部落时期听觉和视觉的和谐状态，同时手机又融合数字、网络等新技术，更容易俘获年轻人。“在现代通信科技领域当中，年轻人总是会成为新范式的构建者和领跑者。”研究显示，在所有国家，青少年都是手机最热衷的追捧者，在亚洲、欧洲的许多国家，随处可以看到“拇指一族”，青少年通过手机进行沟通和交流，通过手机建构自我身份，建立规范行为，传达价值观念，构建自己的亚文化。

手机网民用户集中在年轻群体，10～19 岁人群所占比例为 29.8%，这其中初中人群占 35%，高中人群占 34.3%。手机浏览器用户在学生和中高端用户群体的比例更高。初中和高中人群是手机浏览器的主要用户群，比例分别为 33.0%和 34.2%。[①] 由此可见，高中生使用手机上网的比例远远高于其他年龄和学历的群体。高中生是利用手机上网的主力军，这不得不引起社会和教育界的注意。

当手机成了青少年的标配，手机环境日益形成，由此产生的正负效应引起了人们的关注。手机作为青少年流行文化的一种载体，在培育青少年主体意识，促进青少年全面发展过程中呈现出既建构又消解的双重矛盾特质。一方面，手机具有天然的亲青少年的特质，其个性化的特征、人性化的趋势、全媒体的特性与青少年追求时尚、特立独行、我行我素、彰显个性的性格具有天生的契合性；另一方面，手机又具有天然的反主体性特征，存在异化青少年的危险，在虚拟、刺激、娱乐、休闲的手机文化中，青少年很容易迷失自我。

手机文化在物质与制度上对青少年进行了“松绑”，营造了一种自由选择、自主参与的精神氛围。其原因首先在于信息资源的源头控制失效。在手机和网络文化背景下，年轻人走在文化创新的前沿，最新的信息资源不再控制在成人手中，不再拘于制度化的学校之中、教材之中和教师那里，而是呈现出前所未有的开放性。其次，信息资源流程控制失效。在传统的学习过程中，无论是拿书去适应学生，还是拿学生去适应书，无论是以教材为中心的传统教学派，还是以学生为中心的现代教学派，学习的进程都是老师预先制定的，学习在教师的规划下具有相当的计划性。因此，从教育信息的存在态势看，手机文化对传统教育在精神层面的释放促进了信息的开放性，冲破了以教师为代表的成人对知识的垄断，并由此促进

① 中国互联网信息中心．中国手机浏览器行为研究报告[R/OL]．[2012－09－17]．http://www.cnnic.net.cn/hlwfzyj/hlwxzbg/ydhlwbg/201209/t20120917_36220.htm.

了文化的下移和开放，进入了“后喻文化”时代。

手机文化所呈现出的主体性矛盾在青少年身上表现得十分明显，一方面它强化主体性，释放了青少年的主体性；另一方面，它异化了青少年的主体性，使很多青少年迷失在由手机构建起来的幻象中。这两种相反的力量同时作用于正在成长中的青少年，矛盾双方的博弈影响着青少年的成长历程，因此，青少年手机媒介素养教育具有时代的必要性和紧迫性。

2.高中阶段是开展媒介素养教育的关键时期

由于青少年群体内部存在着很大的差异性，把青少年整体作为研究对象不免有些笼统和泛化。高中生作为青少年成长的一个特定年龄阶段，有其独特之处。首先，高中阶段是人生观、价值观形成的重要时期，是知识与才干快速发展期，处于这一阶段的人思维敏捷，求新求异、个性突出、自我意识强，心理发展介于半幼稚、半成熟阶段，具有明显的过渡性和可塑性，是培养人的批判意识、社会参与意识的关键时期。

其次，高中生的道德意识高度发展，自我观察、自我评价、自我体验、自我监督、自我控制等能力趋于成熟。一个人在高中阶段对自身的看法，有许多会持续终生，此外，高中生对现实生活的很多现象都感兴趣，喜欢探听新鲜事，很想像成人一样对周围的问题作出自己的评价，对生活的参与意识日益活跃。同时，高中生的价值观尚缺乏稳定性，价值取向具有突出的从众性和明显的短暂性，容易受到同辈人和媒介环境的影响。高中生心理和认知发展的特点决定了高中阶段是培养学生批判意识、参与意识的最佳时机，同时高中阶段也是媒介使用的活跃期，如果没有正确、及时的引导，就容易出现问题。因此高中阶段是开展媒介素养教育的关键时期。

3.手机媒介为高中生实施素质教育、培育参与文化提供了平台

在现行的教育体制下，高中学校为提高升学率，应对教学质量评价，教学按照教学大纲、教材和老师预先设定的计划展开，学生时间紧、任务

重、压力大，鲜有时间接触大众传播媒介。由于校方和家长对媒介的认识存在偏颇，对学生使用手机的态度呈现出两种极端做法：一种是担心使用手机、互联网会分散学生的注意力，干扰学生学习，所以采取全面禁止、销“机”匿迹的办法；另一种是放任自流，听之任之。其实无论哪一种态度，都是在逃避责任，实属消极无奈之举。在大众传播媒介飞速发展的今天，信息传播技术日新月异，媒介环境是生活在信息社会的人，尤其是高中生——未来社会发展的中坚力量——无法回避的生存环境。不识媒介，不懂媒介，不用媒介，就是高分考入大学，也无法适应信息社会的发展，从而阻碍自身价值的实现。况且，社会热点问题、新闻、时事、资讯都是考试经常涉及的内容，在传媒改变世界、引领时代的今天，学生们已无法做到“两耳不闻窗外事，一心只读圣贤书”了。面对信息的洪流和媒介技术的变迁，高中生、高中生家长、高中学校以及社会都需要采取积极的态度展开以新媒介为主题的媒介素养教育，使学生掌握媒介传播规律，了解新媒介、运用新媒介，不断提升学生的媒介素养、信息素养、人文素养，为学生的全面发展奠定基础。

手机媒体便携、可移动、多媒体的特性，也为高中生利用点滴空闲时间接触媒介、获得资讯、沟通交流、休闲娱乐提供了可能。但是，手机也存在异化高中生的危险；学习压力大，心情紧张的高中生容易受到手机文化的诱惑，沉迷其中而不能自拔。因此，为培养高中生应对复杂多变的新媒体传播环境的能力，对高中生媒介素养问题的研究已经迫在眉睫，开展手机媒介素养教育是媒介技术发展的需要，是中国教育发展的需要，是社会乃至人类发展的需要。

综上所述，本书选择高中生为研究对象开展手机媒介素养调查研究，具有很强的理论价值和现实意义。

(二)研究视角——为什么选择媒介素养?

随着信息传播技术的飞速发展，媒介环境变得更加丰富，呈现出多元化、国际化的趋势，传统大众媒介、互联网、手机等媒介全天候提供全方位的媒介信息，使媒介成为继学校之后的“第二课堂”。人们无法回避媒介的影响，无法做到不受媒介所构建的文化和价值观的影响而独立地认识、观察我们的“身外世界”，人类的媒介化程度已经超过以往的任何社会阶段。那么，人类该如何面对“媒介世界”呢？在媒介的强大攻势下，如何保持清晰的判断，让媒体、媒体信息为我所用？

媒介素养教育为我们提供了找到答案的路径和方法。媒介素养理论从创立之初就承继了欧洲传统的文艺欣赏和意识形态批判理念，其在美国的推动下进一步发展，更加强调受众对各种新媒介技能的掌握以及对媒介信息的使用能力，同时提出媒介素养是所有公众都需要通过培养来获得的一种基本的社会技能和个人素质。

在80多年的发展历程中，媒介素养提炼出了核心内涵体系，在技术不断推陈出新的过程中，引导着人们不断适应新的媒介环境；同时，媒介素养在发展过程中不断借鉴教育学和传播学理论的精髓，具有比较坚实的理论基础，并不断创新教育模式，在关照技术发展脉络和人的发展历程的体系下，持续发展，具有强大的生命力。相关内容的论述见第二章文献综述。

媒介教育的理想情况是，受众的媒介使用成为他们的一种动力，而不会因媒介使用沦为大众媒介或讯息的奴隶。[①]

三、研究问题

本书立足于高中生发展，以发展高中生的手机素养为目标，以高中生手机素养的本质特征、内在结构与功能、形成与发展的内在机制及路径为内容，将高中生的手机素养研究放在高中生与手机互动过程中的多个维度下进行关照，将手机素养置于高中生手机实践与教育引导的视野下并将手机素养的内在构成与外在表现结合起来，提出促进高中生手机素养

① 卜卫.论媒介教育的意义、内容和方法[J].现代传播—北京广播学院学报，1997(1)：29-33.

发展的路径和方法。

本书的重点不是为了了解高中生使用手机的情况，也不是为了了解高中生与手机的互动关系，而是为了提升高中生的手机素养，并以促进研究对象的内在素养能力发展为目标，研究高中生手机素养的本质与发展机制，寻求高中生手机素养的发展路径与方法，从而使高中生更好地利用手机，提升手机使用的内在价值和自我发展能力。

本书将围绕高中生手机素养是何、应何、为何、如何等四个方面展开。具体来说，就是什么是手机素养？高中生需要什么样的手机素养？高中生为什么需要手机素养？当前高中生手机素养现状如何以及如何促进高中生手机素养的发展？

第一，什么是高中生手机素养？通过对高中生手机素养内涵与特征的界定及分析，形成关于高中生手机素养的本质建构，解决高中生手机素养是什么的问题。

第二，高中生需要什么样的手机素养？本书在理论研究与实践考察的基础上，提出手机素养的一种分析结构，通过对高中生手机素养的内在结构与功能分析，解决高中生应具备什么样的手机素养的问题。

第三，高中生为什么需要提高手机素养？这是一个价值观层面的问题，从当今时代的发展和高中生的需要双重视角出发，本书将论证高中生对手机素养的需求是基于媒介技术发展与教育发展以及高中生的成长需要，提出手机素养是社会发展与高中生个人发展现实的必然要求。

第四，高中生手机素养现状如何？在国外手机素养研究与国内高中生手机素养调查研究的基础上，本书全面考察了青少年手机素养的现状，分析了当前我国高中生手机素养缺失的外在表现和内在原因。

此外，就如何发展高中生的手机素养，本书以高中生手机使用能力为基础，以手机使用与手机素养的互动生成关系为切入点，探索了高中生手机素养发展的路径。

总之，本书从本体论、价值论、方法论等多重视角出发，探讨了高中生手机使用与手机素养教育的互动一体化关系，并对基于手机使用的高中生手机素养教育展开具体的研究。

四、创新之处

本书对高中生手机素养现状及教育对策展开研究，具有十分重要的理论价值和现实意义。

（一）研究高中生媒介素养教育具有一定的挑战性和创新性

目前，我国针对高中生展开的媒介素养理论与实践研究非常匮乏，几乎处于空白境地，与媒介对高中生的重要影响形成鲜明对比。关于手机媒介素养的研究，笔者在中国知网上以“媒介素养”和“手机”为主题词，共检索到76篇文章，其中有关大学生媒介素养的文章有21篇，有关高中生媒介素养的硕士论文2篇，分别是朱佶的《基于创感教育的高中生媒介素养培养的研究》和张洁的《高中生媒介素养教育的实践研究》。此外，还有2篇文章，分别是石裕雄的《高中生传媒素养的提升策略》和骆中成、徐晓昀的《认识·甄别·应用——基于高中阶段媒介素养教育的实践研究》。通过查阅已有的研究成果笔者发现，媒介素养教育在我国已经走过了15年的发展历程，研究者们从中国社会的现实出发，用实证研究的方法对不同地区、不同人群的媒介素养状况进行了调查，对不同层次的人群做出比较详尽的描述和类别划分，探究在中国实施媒介素养教育的模式和方法，这些研究具有一定的针对性和可操作性，取得了一定的成绩。但这些研究的局限也非常明显，首先是理论层面的范式重叠，这些研究对价值取向和理论路径尚未形成足够的共识，实践层面缺少社会团体的有力介入，尚无法与理论研究形成相互推进的良性互动，其社会影响力和效果都还十分有限。在研究群体方面，针对大学生和中小学生的研究及实践成果偏多，高中生传媒素养教育研究颇为匮乏。研究高中生媒介接触、媒介使用，提升高中生媒介素养十分紧迫。

(二)较系统地探索手机媒介素养教育研究领域

伴随手机媒介化的进程和普及,手机新媒体对特定手机用户的影响呈现出不同层次的特点,有关手机与青少年之间的研究也越来越多。笔者以“手机”和“青少年”为主题词,共检索到326篇文章,以“手机”和“青少年”为题名共检索到77篇文章,以“手机”和“青少年”为关键词共检索到36篇文章。通过查阅和汇总整理,除去调查报告、技术研发、市场现状以及其他媒体报道的文章之外,共有179篇文章论述青少年手机使用的相关议题,内容涵盖手机对青少年的影响(负面影响为主和应对策略,含网络低俗、色情信息以及网络欺诈、网络犯罪等,63篇,占36%),青少年手机依赖、成瘾(含上网成瘾、游戏成瘾等,18篇,占10%),手机应用(含手机短信、手机阅读、手机报、手机电视等,20篇,占12%),手机对青少年健康的影响(身体健康,不包含精神健康,11篇,占7%)以及手机使用对青少年人际交往、自我认同、社会化、人格发展的影响(从社会学、语言学、心理学、后现代理论、亚文化、流行文化的视角论述手机对青少年发展的影响,23篇,占13%)。从文章数量和研究内容看,对于青少年与手机媒体的研究还处于起步阶段,研究不够深入,往往流于现象及影响的描述,以对不良影响的警示及宏观指导为主,缺乏从文化、社会、人类发展等更广视角的论述,更缺乏对不同层次用户群体有关手机媒介素养等方面的、深入细致的研究。

手机新媒体呈现出与传统媒体不同的特点,手机媒体可以实现任何人在任何时间、任何地点传送和接收任何媒介表现形式的任何信息。手机媒介兼具人际传播、大众传播双重特点,具有移动、便捷、参与、互动等不同于传统媒体的特征。现有的媒介素养理论与实践不能适应以手机为代表的新媒体对使用者的媒介素养要求,因此需要开发新的针对手机媒体的认知使用能力、批判思考能力、创意表达能力等的研究领域,以提升人们的科学素养和人文素养。手机媒体的广泛应用,使它成为一支异军突起的媒介力量,影响着媒介生态,影响着人们的观念、心理和行为。为了在信息的大潮中人类能够自主地使用媒介，自信地驾驭媒介，创造性地利用媒介，为己所用而不是迷失自我，开展以手机为代表的新媒介素养教育研究变得越来越重要。

第二节　文献综述

一、媒介素养内涵及教育理论

“媒介素养”理念从 20 世纪 30 年代诞生至今，伴随着媒介技术与形态的发展以及传播效果与受众研究的不断深入有了很大发展。从以报纸为代表的纸质媒介到以电视为代表的电子媒介再到以计算机为代表的数字新媒介，从行为主义的魔弹论到实证主义的有限效果论再到社会心理视角的强大效果论，从媒介内容被动的接受者到媒介信息积极的使用者，这一切推动着“媒介素养”从甄别与抵御模式向解读与批判模式，再到赋权与使用模式不断发展。

(一)媒介素养内涵发展的历史考察

1.“素养”溯源

“素养”一词在我国，最早见于《汉书·李寻传》：“马不伏历，不可以趋道；士不素养，不可以重国。”意思是马不伏枥秣食，就不能够驰骋远道；士不长期培养，就不能够为国效命。这里的“素养”指平常的修习和培养。

当代素养一词的内涵已经有所拓展，《高级汉语大词典》将素养一词定义为：由训练和实践而获得的技巧或能力；平素的修养。《辞海》将素养定义为：(1)在长期训练和实践中所获得的技巧或能力；(2)平时的品行、气质等修养。可见，素养可以归纳为由后天训练和实践而获得的技巧、能力以及思想、品行、气质等修养。[①]

英文“literacy”(素养)源自“literta”,这是个形容词,指“文字的、字面上的”。由此派生的词有“literally”(逐字地)、“literary”(文学的)、“literate”(有文化的)、“literacy”(识字、有文化)、“literature”(文学)等。故“素养”由“识字”派生而来,在印刷媒介时代,“有素养”便是指具有读与写的能力(an ability to read and write)。《英汉简明词典》将“literacy”定义为:(1)有文化;(2)有教养;(3)有读写能力。可见英文中的“literacy”是指个人在读写、知识、文化、学问或教养方面所达到的水平。这和我国有关素养的定义根本上是一致的,都是指后天经过教育和培养而形成的素质。[②]

从中英文“素养”的原意考察可以发现,素养从狭义上来讲,是人后天所获得的技巧和能力,从广义上讲,素养除包含后天训练、培养和实践而达到的某方面或某些方面的智力因素外,还包括非智力因素。主要包括知识、技能、情感、态度、价值观和思想道德品质等几个方面。也有学者认为,素养是一个人能做什么(知识、技能)、想做什么(角色定位、自我认知)和会做什么(价值观、品质、动机)的内在特质的组合。[③]

追溯素养的内涵提示人们:第一,人的素养本质上是人的知识和能力的组成部分,是提高人的素质的必由之路;第二,人的素养通过实践和教育,是可以逐步提高的,也是人类必须不断提高的。

2.媒介素养起源与发展

(1)媒介素养的产生与发展

媒介素养发端于20世纪30年代,以电影和广播为媒介的大众文化与传统文化理念不断冲突,英国学者利维斯(ER. Leavs)和他的学生丹尼斯·桑普森(Denys Thompson)发表了文化批评论著《文化和环境:批判意识的培养》,以此为发端,西方国家掀起轰轰烈烈的媒介素养运动,最终

---

① 秦学智,等.传媒素养教育的几个重要概念辨析[J].现代传播,2011(12):121-125.

② 同上。

③ 李宝敏.儿童网络素养研究[D].上海:华东师范大学,2012.

将其纳入正规化、体制化的学校教育。经过80多年的发展，媒介素养已经不仅仅局限于一种媒体教育的方法论，而是变成了一种随着时代发展不断充实完善的开放性学科体系。

媒介素养的内涵从最初指“读”和“写”的能力，发展成为如今的指包含一系列技术的能力，这期间走过了20世纪30年代的“屏幕素养”，60年代的“电视素养”和“视觉素养”，70年代至80年代的“计算机素养”，90年代的“信息素养”“网络素养”和“数字素养”，以及为应对信息交流手段多元和复合方式而产生的“新兴素养”和“复合素养”等研究领域。

技术在持续不断更新，每一种新媒介都要求使用者用特定的方式组合自己的“感觉器官”，去认知，去适应，去使用更加多元、复杂的符号环境。同时，社会、文化结构也在新媒介的冲击下不断调适、不断发展。技术冲击、媒介复杂、社会变革，这些对使用者利用新媒介技能、认知复杂符号环境的能力以及自身素质都提出了更高的要求，这也从客观上促进了媒介素养内涵及其理论不断发展。

如今，手机作为新媒体的代表，具有其自身符号以及感官使用特点，与传统媒介、计算机、互联网等一起建构了更加复杂的多重媒介环境，各种媒介在时间和空间的角逐中，对使用者提出了不同的、更高的素养要求。因此，研究手机媒介素养，为公民手机媒介素养的提高提供理论支持，是媒介素养理论发展的必然。

(2)媒介素养的核心内涵

媒介素养是一个概括的概念，比媒介总和的范围更广。随着更多新媒介的出现，新媒介的素养也包含在媒介素养的概念中。[①] 因此追溯各国媒介素养的发展历史，梳理媒介素养概念脉络，理解媒介素养的核心内涵和理论框架，对于开展手机等新媒体的素养研究都是必不可少的。

各国学者根据本国媒介素养教育实践，对于“媒介素养”的内涵表述林林总总，“没有一个获得普遍认可的媒介素养定义”。目前，国际上比较

① 张洁.高中生媒介素养教育的实践研究[D].济南：山东师范大学，2006.

常用的定义列举如下：

①加拿大

加拿大安大略教育部（Ontario Ministry of Education）的界定：媒介素养旨在培养学生对媒体本质、媒体常用的技巧和手段以及这些技巧和手段所产生的效应的认知能力和判断能力。更确切地说，媒介素养是一种教育，其宗旨是增强学生理解和欣赏媒体作品的能力，使学生了解媒体如何传输信息、媒体自身如何运作、媒体如何构架现实，使学生具有创作媒体作品的能力。

这一概念的关键词为“understanding，enjoyment，create”，强调媒介素养的核心能力是让学生“理解、欣赏媒体作品”，并且能够“创作”媒体作品。

②美国

1992 年在美国阿斯彭举行的媒介素养问题领导人会议上，与会者一致通过了对媒介素养的基本定义：“媒介素养是接近、分析、评估、创作信息的能力。”

这个定义言简意赅，是媒介素养定义中最简单明了、意义鲜明的一个，被后来的研究者广为引用，并进行诠释和发展。其中最关键的四个词“access，analyze，evaluate，create”分别概况了媒介素养应具备的接近、分析、评估、创作信息四个方面的能力。

随着时间的推移，新的认识和理念注入媒介素养教育，开展媒介素养教育成为 21 世纪教育的重要内容，是媒介文化建设的重要方面，原有媒介素养的内涵得以发展：(1)媒介素养教育是 21 世纪教育的发展方向；(2)从印刷媒介、视频媒介到互联网，“接近、分析、评估、创作信息”为各种形式的媒介素养教育提供了分析框架；(3)媒介素养除了帮助人们认识并理解媒介在社会中的作用之外，也暗示了现代公民应具备基本的质疑、自我表达技能。

这一概念补充了“understanding、inquiry、self-expression”三个关键词，分别指“理解、质疑和自我表达”，丰富了对媒介素养含义的认知。在对每一个关键词的具体界定中，“understanding”不是指理解媒介的符号、信息、内容、价值观等，而是指理解媒介在社会发展中的重要作用，也就是对媒介功能的认知。质疑和自我表达是站在现代公民社会中每一个公民应具备的基本素质的高度上提出的，在更高的视角中，丰富了对媒介素养教育的要求。

由美国政府设立的美国媒介素养研究中心(Center for Media Literacy)在1992年给出了一个比较全面的媒介素养定义：媒介素养就是指“人们面对媒体各种信息时的选择能力(ability to choose)、理解能力(ability to understand)、质疑能力(ability to question)、评估能力(ability to evaluate)、创造和生产能力(ability to create and produce)以及思辨和反映能力(ability to response and thoughtfully)”。

上述概念表明，一个具备了较高媒介素养的现代人应该具有关于媒介的一般基础知识和技能，能主动获取所需要的信息，能自主选择在某个时刻最便捷地获取信息的媒体，在接受特定的信息时能较为充分地理解媒介信息传播者的意图，对某些特定的媒介信息具有一定的批判性思维等。

③英国

帕金翰认为媒介素养是指使用和解读媒介信息所需要的知识、技术和能力。媒介素养教育是有关媒介的教与学的过程，其结果是获得媒介素养。媒介素养包括“读”媒介的素养和“写”媒介的素养，因此，媒介素养教育的目标是既要培养思维上的批判性理解能力，又要发展实践上的积极参与性，既要使人们作为媒介的消费者能够理解媒介内容，对媒介作出周全的判断，又要在自己的权利下成为媒介的生产者。可以说，媒介素养教育的目标就是要培养青年人的批判性能力与创造性能力。[①]

④中国

“媒介素养是指人们面对媒介的各种讯息时表现出的选择能力、理解

① 李保金.大卫·帕金翰媒介素养教育思想初探[D].北京：中国传媒大学，2009.

能力、质疑能力、评估能力、思辨性应变能力以及创造和制作媒介讯息的能力，也可简化为指获取、分析、传播和运用各种形式媒介讯息的能力。”①

此概念涵盖媒介素养“接近(access)、理解(understanding)和创造沟通(create communications)”的能力，是媒介素养内涵的中式表述。

媒介素养就是指人们正确地判断、评估媒介信息的意义及作用的能力和有效地创造及传播信息的素养。②

此概念从信息的角度对媒介素养进行界定，并从评估、创造与传播信息三个维度对媒介素养的内涵进行诠释。

上海复旦大学新闻学院张志安、沈国麟教授指出，媒介素养是指人们对各种媒介信息的解读和批判能力以及使用信息为个人生活、社会发展所用的能力。

此概念从能力的角度对媒介素养进行界定，重点强调对信息的使用能力，并指出解读和批判信息是使用的前提和基础，但该概念不够全面，缺乏对信息创造与表达的阐述。

台湾政治大学传播学院媒介素养研究室(Center for Media Literacy in Taiwan)对媒介素养的界定是：媒介素养指大众解读媒体、思辨媒体、欣赏媒体，进而使用媒体来发声，重新建立社区的媒体文化品位，以及了解公民的传播权利和责任的能力。

上述概念指出，公民对媒介素养有了很好的认知和实践后，可以影响、优化媒介环境。媒介素养赋予了公民更高的责任和主动权，使他们有能力加入资讯生产，并善用媒体进行公共监督。

香港基督教服务处对媒介素养的界定是：媒介素养指增进大众对各种媒介的认识，使其能用批判的态度去接受及分析大众媒介信息，能解读信息背后的意识形态，了解媒介在日常生活中扮演的角色的能力。

香港的媒介素养教育走的是一条非常务实的道路，其将媒介素养教

---

① 张开. 媒介素养概论[M]. 北京：中国传媒大学出版社，2006：99.

② 张冠文，于健. 浅论媒介素养教育[J]. 中国远程教育，2003(13)：69-71.

育视为一种从下到上的“草根”运动，是一种从个体、浅层出发，逐渐推进、延伸到整体和媒介素养教育的高阶、深层的演进过程。

综上所述，虽然国内外对媒介素养内涵的阐释与认识不尽相同，但通过对概念中关键词的提炼可以发现，其核心内容基本相近。媒介素养不是强调在某个特定媒介背景中人们需要具备的能力和素质，而是指一种超越具体媒介环境的、普适于任何媒介环境的理念和思想。不管信息是通过何种符号表达思想和观念，只要传播信息需要通过一系列叙事和再现来实现，媒介素养内涵就能够为人们在新媒介环境中“读懂”媒介、“创作”信息提供支持和帮助。以下关键词深刻影响着媒介素养的内涵。

表 0.1　国内外对媒介素养内涵阐释概览

媒介素养内涵关键词	出处
理解(understanding)、欣赏(enjoyment)、创作(create)	加拿大安大略教育部(Ontario Ministry of Education)
接近(access)、分析(analyze)、评估(evaluate)、创作信息(create)	1992年在美国阿斯彭举行的媒介素养问题领导人会议上通过的定义
理解(understanding)、质疑(inquiry)、自我表达(self-expression)	对阿斯彭会议通过的定义的“补充内容”
选择能力(ability to choose)、理解能力(ability to understand)、质疑能力(ability to question)、评估能力(ability to evaluate)、创造和生产能力(ability to create and produce)以及思辨和反映能力(ability to response and thoughtfully)	美国媒介素养研究中心(Center for Media Literacy)1992年提出的定义
接近(access)、理解(understanding)和创造沟通(create communications)	英国通信管理局
解读媒体、思辨媒体、欣赏媒体，进而使用媒体来发声	中国台湾政治大学传播学院媒介素养研究室(Center for Media Literacy in Taiwan)
认识、批判、解读、了解媒介	中国香港基督教服务处
选择能力、理解能力、质疑能力、评估能力、思辨性应变能力	中国大陆

从国内外有关媒介素养的定义可以看出：(1)媒介素养是一个应信息社会而生并在传统读写素养意义的基础上不断得到扩展的概念；(2)媒介

素养与所有传媒形式有关，既包括印刷传媒，又包括非印刷传媒；(3)媒介素养通常表现为一系列的能力或技能，如阅读、理解、分析、评价、写作、创作、设计、生产、传播媒介文本或媒介信息能力及更高水平的媒介批判思维能力和运用传媒实现公民权利以及履行公民责任的能力等；(4)媒介素养教育的对象广泛，既有青少年受众又有成年和老年受众，既包括传媒专业人员也包括非传媒专业人员，既包括学生也包括老师；(5)媒介素养是可以教会和学会的。①

秦学智建议将媒介素养定义为：媒介素养是指个人经过后天训练、培养和实践而达到的应对各种传媒的智力和非智力水平，和一般素养一样，它也主要包括知识、技能、情感、态度、价值观和思想道德品质等几个维度。②

3.媒介素养的多维体系

在总体上明确了手机媒介素养研究的思路和范畴后，我们需要思考手机媒介素养研究的核心内容，即传统媒介素养框架下，手机媒介素养需要重点考察的方面和对原有框架的补充之处。为了能明晰这个问题，我们将从媒介素养的技术脉络(历时)和人的成长历程来考察。

“媒介素养”的概念在经历不同的时代背景、社会特征和科技水平的过程中，各国根据不同需求发展出了各不相同的“媒介素养”教育目标、原则、内容、方法与模式，各领域的学者也根据不同的视角对“媒介素养”的内涵进行了不同的阐释。③

虽然学术界对“媒介素养”的概念尚未达成统一，各国学者根据本国或地区的情况提出了各自的媒介素养内涵，但有一点是有共识的，那就是媒介素养的内涵是一个不断丰富和发展的概念体系。媒介技术更新换代、人类个体的成长发展是两条重要的考察线索，每一种技术的发展都对

---

① 秦学智，等.传媒素养教育的几个重要概念辨析[J].现代传播，2011(12)：121.

② 同上。

③ 汤书昆，孙文彬.“媒介素养”演变的历史与文化探析[J].东南传播，2009(01)：170-172.

人类的媒介素养提出了更高的要求，而在人类个体自身的成长历程中，每一个阶段也将会有不同的媒介素养水平，两个维度相互交叉渗透，形成了内涵丰富、视角众多的媒介素养发展体系。

（1）媒介技术发展脉络中的多维视角

在媒介使用的过程中，每一次媒介技术的发展，都丰富了媒介素养的内涵。人们在媒介使用过程中对不同的媒介掌控程度不同，说明不同媒介对人们的媒介素养有着不同的要求。

印刷媒介是一种比较古老的大众媒介形式，在这种情况下，读者拥有完全的主动权，因为图书不可能自己来到读者面前，读者必须主动去书店或图书馆才能阅读图书。报纸和杂志比图书具有更多的“侵扰性”，邮递员可以将其送到你的门前，供你翻阅。报纸、杂志和图书作为印刷媒介，其共性是在阅读的过程中，读者可以选择阅读的顺序、阅读的段落、阅读的精细程度，这些都不受编辑的限制。因此在印刷媒介时代，读者对媒介拥有相对较高的控制权，如选择读或不读，选择先读还是后读，选择精读还是泛读，选择这时读还是那时读，等等。

到了电子媒介时代，广播的出现标志着一种新的掌控听众的媒介出现了，人们开始逐渐失去了对媒介掌控的权力。一旦打开收音机，节目的播放顺序、是否被插播广告、播放什么内容都不由听众做主了，广播机构控制着播放的时间、顺序和节奏，人们只能在此刻播出的电波中进行选择，从这个意义上来说，广播比印刷媒介更具有侵犯性。电视具有同样的特点。广播、电视培养人们按照节目的播出时间计划生活，也迫使人们去忍受他们随意插播的商业广告。

时代在发展，技术的进步赋予人们更多掌控自己媒介使用的权力。MP3、VCR的出现，使人们可以将音乐、故事、电视节目录制下来，自己决定回放的时间和欣赏的次数。互联网、搜索引擎、万维网的出现，使人们可以自由搜索想要看的资料，人们似乎更加自由，拥有更大的选择权，但也应看到，在海量信息中做出选择需要付出更大努力。人们需要去浏览、了解更多的信息，以此来决定选择什么、如何选择，表面看来更多的选择其实反而限定了人们的选择。搜索引擎检索信息的能力强大，但是显示信息的空间有限，我们只能在已经限定好的检索结果中做出选择。

知识沟理论假设，任何一种新媒介技术的出现，都会在媒体使用者之间形成知识沟，而且知识沟会随着新媒体的普及不断扩大。目前，手机媒体属于新兴媒介，能否使用手机、使用行为和使用能力在个体之间都存在差异，这将成为考察手机媒介素养的基本内容，因此，手机媒介素养的第一项内容就是“手机使用”。

手机的出现，将新闻、音乐、游戏、电子书、视频、各式各样的手机应用推送到人们眼前。手机随身、随时、随地的特性，让人们在获取更多信息的同时，也更多地被控制：起床时、睡觉前、公交车上、厕所里，手机无时无刻、无处不在掌控着人们的时间、精力、兴趣、生活。媒介技术的每一次发展，都是人与媒介技术在时间和空间上的角逐，在你争我夺之间寻求平衡点。人们如何应对海量的媒介信息，如何应对媒介技术对自我的掌控，如何发挥自己使用媒介的主体性，都是媒介素养应该包含的内容。任何一种媒介技术，无论是高深莫测、晦涩难懂，还是简单明了、方便易用，其本质都是一种工具，一种为人们服务、被人们所使用的工具，人们不能因为其简单、有趣、方便就被工具所俘虏、所利用。人们必须对媒介属性有所认知，要能够反思自己的媒介使用行为、控制自己的行为，同时自觉抵制新媒介对自己身心带来的伤害，并拒绝做出违背道德和法律、危害公共利益的行为。

因此，在手机大规模发展的初级阶段，人们要能够认知手机的社会功能、反思个人的手机使用行为、培养手机道德意识，并以此作为理解与评估手机的基本内容。在计算机及互联网普及之前，“素养”多指正确判断并估计讯息的意义和价值的能力。计算机时代的媒介素养则不仅包括判断讯息的能力，还包括有效地创造和传播信息的能力。这实际上是对公民的媒介素养提出了更高要求。①

---

① 卜卫.论媒介教育的意义、内容和方法[J]，现代传播－北京广播学院学报，1997(01)：29-33.

手机具有媒体随身、互动的技术特性，并兼具人际传播和大众传播的功能，传者和受者之间界限模糊，颠覆了传统的传播学理论，微博、微信等媒体形态的社交功能的应用，为使用者的创作和表达提供了技术平台。因此，有别于书籍、报刊、广播、电视时代的媒介素养，手机媒介素养需要突出对“手机创作与表达”的考量。

综上所述，在媒介技术发展的驱动下，媒介素养内涵在不断丰富和发展，从媒介技术的发展脉络来看，手机媒介素养应该包含手机使用、手机理解、手机创作与表达三个维度的考察，以补充和发展媒介素养所包含的技术要求。

(2)人类发展历程中的多维考察

一个人的媒介素养发展水平主要与四个因素有关，这四个因素是成熟度(maturation)、天生的能力(natural abilities)、经验(experience)和积极运用个人媒介的能力(active application of skills)。对上述四个因素的含义理解得深刻，就能更好地掌控自己媒介素养水平的发展程度。[①] 因此，一个人处在不同的年龄段，会由于成熟度、生活经验的不同呈现出不同的媒介素养水平。从人的一生来讲，媒介素养水平的发展是一个连续累积、不断提高的过程，人们不能要求一个5岁的儿童与15岁的青少年具有同等的媒介素养水平，也不能说某个人没有媒介素养水平，或水平足够高了，没有继续提高的空间了。其实，在不同的人生阶段，不同的时代背景下，随着技能、经验的提高以及对外界认知经验、媒介经验的不断丰富，一个人的媒介素养水平会呈螺旋式上升。因此，从个人成长的历时性看，一个人在不同的年龄与发展阶段，会有不同的媒介素养水平，对个人的媒介素养考察是多维度的，需要历时性地去认识。

儿童并没有刻意努力发展媒介素养能力，但是，许多研究人员和媒介工作人员都证明，当今时代的儿童具有更高的媒介素养水平，甚至比他们长辈们的媒介素养水平还高。导致这种结果的原因是多方面的，儿童应

---

① POTTER. Media Literacy[M]. California: Sage Publications, 2005: 41.

对媒介的能力主要是由三方面的因素促成的:第一,他们的认知、情感和社会化程度;第二,他们关于世界的总体经验;第三,他们关于媒介的经验。①

在同一个年龄阶段,每个人由于生活环境、家庭背景、社会经济地位不同呈现出不同的媒介素养水平。因此我们说,媒介素养教育是一个多维度的体系,需要对不同受众的人生发展阶段、各种媒介技术的发展水平等进行交叉研究,以了解不同受众对象的不同的媒介素养发展水平,为开展媒介素养教育的实践提供理论依据和事实依据。

(二)媒介素养教育理论

我们有必要先厘清媒介素养和媒介素养教育这两个不同的概念。媒介素养教育指整个教育的全过程,而媒介素养则是这一过程的终极目标和结果,是一种用来分析、评价大众媒介中所传递的诸多复杂信息的能力。换句话说,就是通过媒介素养教育使媒介受众逐渐具备驾驭媒介信息的素质和能力,改变对传播媒介的被动接受和绝对信任的现状,提高对现代媒介的主动选择、质疑和批判的能力,从而使受众成为具有媒介批评能力的现代化"媒介公民"。显然,媒介素养不是与生俱来的能力,而是通过后天的媒介教育习得的。

1.媒介素养教育的理论基础

媒介素养教育发端于20世纪30年代的英国,经过80多年的发展历程,媒介素养教育已经不仅仅局限于一种方法论,技术的更新、媒介的变革、文化的变迁、社会的发展,都为媒介素养教育注入了新的内涵,各国根据其自身不同的发展需要演变出各不相同的媒介素养教育原则、内容、目标、方法和模式,学者也站在各自的领域从不同的视角对媒介素养教育的内涵进行阐释。

---

① BUCKINGHAM. The Media Literacy of Children and Young People[EB/OL].[2013-06-03]. http://eprints.ioe.ac.uk/145/1/Buckinghammedialiteracy.pdf.

考察媒介素养教育的理论基础，要从教育学和传播学两个领域入手。从教育学的角度讲，传统的教育学理论渗透于媒介素养教育的各个方面，如“保护主义”的媒介素养范式就是建立在学校正规教育对大众传媒文化担忧的基础上。批判教育学的兴起，为媒介素养教育提供了反思批判型的教育理念和多维的视野。但由于媒介素养毕竟不单纯是教育，而是要培育人们思辨、独立、创造性的使用资讯的能力，所以媒介素养教育更多的理论还是来自于传播学和媒介理论。

媒介素养教育理论从创立之初就继承并吸收了欧洲意识形态批判的理念，并随着时代的发展不断更新理论和范式，发展出了更新的理念，从抵御到批判到赋权再到参与，这其中蕴含着与时俱进的丰富内涵。媒介素养的发展动态切合科技进步、社会发展的时代要求，是一个具有强大生命力的知识体系，具有前瞻性、兼容性和普适性。

(1)文化研究学派和法兰克福学派对媒介素养理论形成的影响

文化研究学派和法兰克福学派都属于批判学派，他们关注的都是媒介存在的意义，都围绕着媒介权力展开批判。前者注重的是媒介文本意义产生的要素及受众对媒介文本的能动解读能力。“后者关注的则是对大众传媒的政治经济学和文化病理学的宏大批判”(理查德·约翰逊语)。①

①文化研究学派

文化研究学派是批判学派的一支主力军。该学派的研究始于具有反抗精神的亚文化，后又将文化研究置于社会关系和制度之内，强调跨学科方法的重要性，包括政治经济、生产和流通、文本产品、大众接受文本分析。其中霍尔的编码解码理论阐述了媒介产品如何产生意义、如何流通以及大众如何使用或解码文本来产生意义，为媒介素养教育在实践中的开展提供了理论依据。

霍尔的编码解码理论认为，受众对媒介文化产品的解释，与他们在社会结构中的地位和立场相对应。他提出了三种假想的地位：接受占统治

① 孔令华.论媒介文化研究的两条路径——法兰克福学派和英国文化研究学派媒介文化观差异之比较[J].新闻与传播研究，2005(1)：43-48.

地位的意识形态为特征的“主导—霸权的地位”;大体上按照占统治地位的意识形态进行解释,但却加以一定修正以使之有利于反映自身立场和利益的“协商的符码”;与占统治地位的意识形态全然相反的“对抗的符码”。霍尔的研究为在特定的社会文化语境中研究受众,尤其是电视受众的接受行为提供了理论支持。

②法兰克福学派

法兰克福学派是当代西方的一种社会哲学流派,以批判的社会理论著称。该学派在20世纪30年代至40年代发展起来,代表人物有M.霍克海默、T.W.阿多诺、H.马尔库塞、J.哈贝马斯等人。该学派关注的是大众传媒的政治经济学和文化病理学的宏大批判。该学派支持大众传媒和文化批判研究,提出了文化和传媒研究的批评和跨学科方法,包括媒介政治经济学、文本分析、大众文化及影响社会和意识形态的大众接受研究。法兰克福学派通过分析工业时代的大众文化产品,指出文化产品与其他大众产品具有相同的特征:商品化、标准化和大众化。该学派还重视技术与文化研究,指出技术变为生产的主要因素以及社会组织和控制的主要形式。其文化工业理论促成了一种主要的历史转向:大众消费和文化必定导致消费社会及大众社会的产生。该学派最早的文化产业模式在意识形态复制和调整个体适应主导需求、思想及行为模式方面起到了重要作用。

正因为有法兰克福学派的先见,利维斯和桑普森才从如何引导人们更好地抵御媒介负面影响方面提出了媒介素养的保护主义理念。

(2)符号学和斯图亚特·霍尔对媒介素养理论的扩充

20世纪60年代,技术革新对文化的冲击使得学派林立,在种种学派中,符号学和霍尔借助能指及所指的概念阐释的编码和解码的概念对媒介素养理论影响重大。霍尔提供的视角,使学者们由对大众媒介文本的批判转向了对意识形态的批判,使媒介素养研究由单纯地抵御大众媒介中传播的不良信息，转向了抵御媒介本身。①

①符号学理论

符号学为媒介素养教育的确立提供了一个“不透明”的原则，它原本是为了说明电视的性质，但也同样适用于其他媒介。同时，符号学也突破了媒介文本的高低优劣之分，所有的文本都可以平等地作为研究对象，从而拓宽了媒介教育的研究范畴。

②意识形态理论

阿尔都塞1971年提出的“教育是意识形态的主要工具”和葛兰西的“霸权”理论对媒介教育影响最大，其指出，媒介和教育系统不是畅行无阻的国际“压路机”，而是相互争霸的场所。

(3)培养理论和使用与满足理论对媒介素养理论内涵的贡献

20世纪后期，随着从“传播者中心”到“受众中心”的主体转换，媒介在大众传播研究中的角色也开始悄然发生转变，即从“媒介效果”转变为“媒介使用”。早期，不论是关注媒介的积极或消极作用还是关注宏观或微观影响，学者都是在探讨“媒介对我们做了什么”，这主要源于以下两方面的原因：一是大众社会理论的影响，因为媒介对受众的消极影响被普遍关注，使得积极的受众研究受到抑制；二是功能分析范式的本能排斥，当时占主导地位的行为主义效果研究，认为受众使用与需求研究太具主观性和描述性，不符合经验主义的实证方法与科学标准。但随着认知心理学、系统论、文化批判理论的发展，越来越多的学者开始关注“我们能使用媒介做什么”的问题。所以谈到媒介素养，就无法避开使用和满足理论，也不能不提到培养理论。②

①培养理论

培养理论用实证的方法证实了媒介的长期效果。其核心观点是：大众传播媒介在潜移默化中培养受众的世界观。从对受众世界观、价值观的影响来说，媒介具有正反两方面的效果。一方面，如果媒介对客观世界

① 彭聪.媒介素养理论溯源研究[D].长春：东北师范大学，2011：13.

② 彭聪.媒介素养理论溯源研究[D].长春：东北师范大学，2011：15.

进行客观的、真实的、全面的反映，就可以对培养受众健康全面的世界观、价值观产生积极作用。另一方面，如果媒介对客观世界进行了偏颇的描述，就会歪曲人们对客观世界的认识，从而形成不正确的世界观和价值观。该理论为媒介素养教育的开展提供了理论依据。

②使用与满足理论

该理论站在受众的立场上，通过分析受众对媒介的使用动机和需求满足来考察大众传播，该理论认为，受众通过对媒介的积极使用，从而制约着媒介传播的过程，此外，媒介使用可以基于个人的需求和愿望，从而在受众角度让研究者看到研究的必要性。

(4)媒介环境学对媒介素养理论的发展

媒介环境学将环境当作媒介来研究，包含符号环境、感知环境和社会环境。其研究中心是技术对文化和社会环境的影响，媒介环境学给予媒介教育两点启示：媒介影响了教育，媒介环境是媒介素养的一种形式。麦克卢汉将媒介技术及其发展看成是社会变迁和文化发展的重要动力，从媒介技术的社会影响和效果角度理解媒介内容，一切媒介都要重新塑造它们所触及的一切生活形态。莱文森对包括手机在内的数字新媒介技术大加赞许，手机在整个媒介发展史当中起着补偿性的重要作用。莱文森强调人在媒介进化中的决定性作用，人是一种环境，人的需要在不断变化，只有能够适应人的需求的环境才能够生存发展。因而人的媒介使用必须被置于特定的环境中加以分析，才能理解媒介对人的社会意义。

2.媒介素养教育理念演变

一般认为，在媒介教育理论与实践的基础上，在学术范畴内的“指导思想”和“价值取向”框架下，各国形成了各自的媒介素养教育模式，并将其作为指导一定阶段媒介教育的核心理念。尽管国外有对“教育模式”的相关研究，但并没有准确的定义。我国学者白传之和闫欢认为，“媒介教育模式”是指特定的媒介教育研究或推广机构对符合本区域要求的媒介教育理念、方式、标准、目标、评价、原则等要素的系统性描述。

媒介素养教育发展的不同阶段，可以以某种模式为主导，也可多种模式并存。媒介教育的发展历史大致经历了抵御模式、批判模式、赋权模式和参与模式四个发展阶段。

20世纪30年代至50年代，西方社会处于工业时期，媒介教育最初的发起者认为电影等大众文化是“不良”信息，提出了保护“传统文化”的媒介教育思想，采取抵御的立场对待大众文化；60年代至70年代，西方社会进入后工业社会时期，大众文化不断发展，学者们从批判的立场去分析媒介；80年代至90年代，西方社会进入信息时代，随着计算机、互联网的普及与发展，学者主张将媒介教育的重点转向“赋权”，侧重于培养学生的批判性思维能力和媒介使用能力；90年代之后，数字、网络、多媒体技术的飞速发展及互动式媒介的出现和发展，使参与式成为新的媒介素养教育模式。

随着传媒技术的不断发展，人们对媒介的认知也在不断变化，媒介教育的思想和模式也在不断更新，以适应时代发展的要求。

(1)抵御模式

20世纪初期，西方传媒产业的快速发展导致了一系列社会问题，“大众文化”和“工业文明”遭到了更加严酷的攻击，大众媒介成了“有机社会”消失、“民间文化”陨落的罪魁祸首。① 利维斯站在保护“传统文化”的立场上提出：“电影、报纸等任何形式的宣传品以及商业化小说等都只能提供一种低水平的满足，它们追求的是最廉价的情感诉求，因此，我们需要培养学生形成一种非同寻常的批判意识——文化素养。”②这标志着“媒介素养”思想的诞生，这种思想主要是通过对青少年的“媒介教育”，让他们有能力抵御大众媒介的毒害，培养他们对“大众文化”进行甄别的批判意识。

(2)批判模式

20世纪中期，“文化工业”机制日臻完善，使“大众文化”从类型到数量、从生产到分配都得到了巨大发展，文化精英们在继续捍卫传统文化的同时也不得不开始面对和解读“大众文化”。威廉斯正是这一时期的典型

① 汤书昆，孙文彬．“媒介素养”演变的历史与文化探析[J]．东南传播，2009(01)：170-172.

② 杨击．传播·文化·社会——英国大众传播理论透视[M]．上海：复旦大学出版社，2006.

代表,他提出了“文化共同体”的思想,认为文化应该是一个连续不断的综合共同体,而这个共同体中包含“传统文化”和“大众文化”。这一思想直接影响着“媒介素养”内涵的转变,即从对传媒产业和“大众文化”的抵御转变为利用结构语言学对“大众文化”进行审美鉴赏。这一思想还从媒介与社会的动态关系中考察大众媒介及其传播活动,认为媒介可以透过其意识形态的表意作用参与对文化霸权的争夺。至此,“媒介教育”内涵所依据的文化价值论让位于媒介文本背后意识形态的批判模式。

(3)赋权模式

英国的媒介素养教育起步较早,并从抵御模式发展为批判模式,而美国的媒介素养教育在吸收了英国的教育理念后,从“保护主义”逐步发展为赋权模式。

美国是一个崇尚个人权利和自由的国家。对于未成年人与媒介的关系,美国学者主张不要对其接触和使用媒介做过多的干涉,而要鼓励他们充分利用媒介。他们强调“赋权”于学生,培养学生掌握对媒介内容中政治、经济和社会等内在信息的分辨能力,以期让他们有效而理智的使用媒介。媒介教育的焦点也开始从利用教材转向培养教师,让他们在课堂上训练和鼓励学生使用媒介,以促进学生媒介使用能力的提高,这就是媒介教育“赋权模式”的产生。

随着20世纪末媒介技术的革命性发展,数字新媒介极大地改变了社会的媒介生态和人们的媒介观念。在这种背景下,学者们认识到“媒介素养”的辅导者“不应该以自己的判断和体验代替受众的判断和体验,而是应该在双方互动的交流与学习中一起理解媒介的内容与影响,帮助受众发展一种认识媒介、建设性使用媒介的能力”。此时的传播学研究也已转向以受众为中心的范式,并着重强调“人的能力的培养”,马斯特曼形象地将这种“媒介素养”理念的转变称为从“家长制”到“赋权”的过渡。

(4)参与模式

“媒介素养”理念的转变与新媒介的发展总是分不开的,网络与多媒体的出现既促进了人们对媒介需求的转变,还激发了人们媒介交往能力的发展。它预示着一个新时代的到来，然而也伴随着新问题的产生，信息爆炸让人们从以往信息的稀缺与渴求变成现今的负载与疲劳，数字鸿沟让社会出现了新的丧失话语权与知情权的现象，加剧了社会的不公与矛盾。人们急需一种在数字社会中生存、生活、学习、工作的素养，并希望通过这种素养对媒介的使用实现终身学习，参与公众事务，追求人的自由发展和共同推动社会的民主进步。"媒介素养"运动正是在这样的历史背景下得到空前发展的，美国的大众传播效果研究进入了效果论阶段，受众研究也进入了能动性的自主和使用阶段，这为"媒介素养"的提升与推广奠定了坚实的理论基础。新技术的不断涌现、新媒介的不断发展以及传播媒介系统社会地位与功能的不断提升，使得"媒介素养"的内涵进一步丰富，也为媒介参与提供了技术支持。媒介参与的教育理念应运而生，成为培养新时代媒介素养、加强受众对媒介的分析与理解、提升媒介素养水平的重要渠道。

二、手机媒介素养的内涵与特征

智能手机越来越像一部能够随身携带的电脑，从外观上看，手机体积小、轻便，电脑体积大、笨重，除此之外，电脑能完成的工作，手机几乎都可以完成。究其核心技术，二者都具有中央处理器(CPU)、内存(RAM)和图形处理器(GPU)，但是手机还有移动通讯、触控技术、重力感应和 GPS 等功能。在上网方面，二者也有区别。手机版网站就是 WAP，一般电脑访问的网站是 WEB。WAP 的建设不仅仅是改变尺寸这么简单，WAP 的编写语言和尺寸以及运行的环境都与 WEB 大有不同。例如 WAP 通常使用 WML 语言配合 ASP 等脚本编写，WEB 通常在 IE 浏览器上运行，WAP 则在手机 WAP 浏览器上运行。

除此之外，智能手机与电脑的最大不同，就是手机应用程序(APP，也称为手机客户端，是英文 Application 的简称)，这种基于某个平台为用户提供某种服务的应用程序改变了手机与使用者之间的关系。3G、LTE 高速宽带无线网络的快速覆盖和智能移动终端的快速普及,极大地改善了APP的用户使用体验,随后APP开始呈现爆发式的增长,每天都有数以万计的APP应运而生。2013年底,全球最大的手机应用商店——App Store的在线手机APP数量已经超过100万个,累计下载量超过500亿次,迄今为止苹果公司已向开发者支付了超过130亿美元的费用。APP正逐渐渗透到消费者衣食住行各个领域,包括支付、购物、美食、娱乐、生活资讯、地图、旅行、天气、导航、影视、游戏等方面,正潜移默化地改变着人们的工作和生活。

据调查,75%的用户在手机上安装了20个以上的APP,人们花费在APP上的时间将超过在PC、电视机上面所花费的时间。根据Gartner的统计数据预测,2014年手机APP的下载量将达到1300亿次,将超过过去五年累计的下载量,APP改变世界的脚步将更加迅速,将更深刻地改变人们的生活方式。

APP具有易于操作、人性化、功能优化、界面友善、信息结构全面、注重用户体验等特色,以"人"为核心的设计理念,有助于用户完成单个或多个任务。由于手机应用程序的设计本身就是以人为中心,按需量身打造的,因此能为用户带来良好的、难于拒绝和割舍的使用体验,同时其还具有自动升级和推送服务,容易将具有同类需求的用户聚集起来。

同时,APP发展也存在一定的阶段性问题。首先,是手机APP的网络安全问题,目前APP处于迅速增长期,市场混乱不堪,在数以百万计的APP应用中,一些不法分子利用技术漏洞,植入广告插件、木马病毒和扣费软件代码,恶意篡改信息和盗取用户账号密码等,导致APP用户的利益受损;其次,由于手机几乎人手一部,随身随带,手机如同个人身份证,消费者所有的手机使用行为都被记录下来,用户隐私得不到保护,也制约了很大一部分用户使用APP。

手机应用软件种类繁多、数量庞杂,且用户数量庞大,决定了手机APP对人们的影响会越来越大。因为每一款APP仅能帮助使用者实现一种或几种功能,其诞生之初就是市场细分、按需设计的结果,因此APP

产品具有针对性强、交互简单、注重用户体验、界面友好等特点，具有很强的使用黏性。同时，几乎所有的APP都频繁更新，并推送附加服务及衍生品，以保持和拓宽使用人群，提高用户使用体验。手机应用软件的特点决定了手机与人不可割舍的情感，但是，目前存在的技术漏洞，又要求用户提高自身防范意识和防范能力。

在分析了手机技术特征之后，我们需要思考一个基础性问题：在手机移动媒体的新信息环境中，信息呈现方式发生了变化，人们需要掌握新知识、发展新技能，同时，手机与人类的关系也不同于以往的媒介，那么，人们是否需要一种新的媒介素养呢？如果需要，这种素养是什么呢？

（一）手机媒介素养的内涵

在梳理媒介素养发展和内涵阐释的基础上，在总结手机媒介与以往媒介在技术、情感、参与性等方面的差异的基础上，笔者将进一步讨论手机媒介素养的内涵及其特点。

在初级层面来看，手机媒介素养就是个体使用手机的能力，即使用者拥有手机，掌握手机操作技能。

在中级层面上来看，手机媒介首先是个体利用手机去探寻信息的能力，其次是认知、理解、评估手机信息的能力，最后是创作、分享和发布信息的能力。

在高级层面上来看，首先，手机媒介除了需要具备传统媒介素养所要具备的接近、理解、评估、创作与分享的能力之外，还需要具备应对媒介符号复合形式的技能；其次，手机对人类精神、情感、思维、社会交往的异化，要求使用者不断反思自己的手机使用行为，抵制手机成瘾，能动性地使用手机；第三，手机所具有的开放性、互动性特点以及与网络、社交媒体的结合和广泛应用，需要使用者从技术、意识方面提高创作与表达、参与和协作的能力。

（二）手机媒介素养的特点

针对手机媒介素养的研究尚处于起步阶段，现在加以概括可能为时尚早，笔者从比较研究的视角出发，考察手机媒介素养的特点，以期对手机媒介素养理论的研究和建构有所裨益。

1.手机媒介素养 vs 数字素养

对于数字素养的界定林林总总，一般认为，数字素养是指数字和信息环境中人们必须具备的发现、评估、接受或拒绝信息的能力。Martin 在 2005 年界定"数字素养"时认为，数字素养是一系列与素养有关的知识，包括信息传播技术素养(ICT Literacy)、信息素养、媒介素养和视觉素养，因为这些技能的获得与数字环境相关，因此被归入数字素养范畴。同时，他认为，数字素养是一种能力，是一种能够成功应对 21 世纪电子设备和工具的能力。

从技术特性来看，手机应隶属数字技术和电子设备，因此在手机技能方面，数字素养与手机媒介素养有重叠之处；但是手机在社交媒体、互动、与人类的亲密关系方面的特长，是数字素养不能涵盖的。

2.手机媒介素养 vs 网络素养

网络素养也被称为网络信息素养(Internet Information Literacy)，指能够接近、评估网上信息的能力。也有学者认为网络素养指网上搜索信息的能力。Hofstetter 提出了一个更加全面的概念，认为网络素养包含网络连接、安全、传播、多媒体和网页开发等技能，其中网页开发不仅仅是一种功能性的技能，还是一种实用性技能。

从媒体形态上看，手机媒体是手机和网络的结合体，因此手机媒介素养包含部分网络信息的搜索、评估和使用的技能，但是手机将网络的连接功能发展到随时随地、无时无刻，加深了社交媒体、网络资源的运用以及人类对手机的情感因素，因此手机媒介素养的内涵比网络素养更加宽泛。

3.手机媒介素养 vs 信息素养

信息素养(Information Literacy)是一种对信息社会的适应能力，是信息产业协会主席保罗·泽考斯基于 1974 年在美国提出的。1989 年美国图书馆学会(American Library Association，ALA)对信息素养下了一个简单的定义：能够判断什么时候需要信息，并且懂得如何去获取信息，如何去评价和有效利用所获取的信息的能力。

手机作为人类快捷、便利的信息获取平台，在信息搜索、资讯获取方面为人类提供便利，因此手机在信息使用方面所需要具备的功能与信息素养要求有交叉之处，但手机在情感、互动、表达等层面的要求，是信息素养所不能涵盖的。

以上分析可见，手机媒介素养与数字素养、网络素养和信息素养都有某种技能的共同要求，但同时又都具有相异之处。手机因其发展性、补偿性、与其他媒介的复合性以及自身技术、情感、互动、平台的媒介特征，为人们构建了一个不同的感知环境与符号环境。学者需要进行深入研究，建构并不断发展、完善手机媒介素养理论体系，从而引导人们能动地使用手机，这也正是笔者尝试厘定手机媒介素养的内涵和特点的现实意义。

三、文献综述

（一）手机媒介素养国外研究综述

到 2013 年，媒介素养教育研究在国际上已经走过了 80 年的历程。英国、美国、加拿大、澳大利亚等国家和中国香港、中国台湾地区都根据各地的实际情况，将媒介素养教育内容列入大、中、小学课程，开展适合本地的媒介素养教育。联合国教科文组织也制定了媒介素养教育方面的计划，即传媒教育计划。随着报纸、杂志、广播、电视等“旧媒介”以及互联网、手机等“新媒介”在世界范围内的广泛普及与发展，媒介素养教育的广度和深度日益扩大，重要性也为越来越多的国家所认同。手机作为“新媒介”的代表，走入媒介素养教育领域已经有近十年的光景，相关研究目前处于起步阶段，研究成果与电视、互联网相比，相对较少，有关手机的接触、认识、使用、创作等媒介素养框架下的核心问题的研究都处于初期阶段，与手机产业研发、手机普及以及对青少年的影响现状不协调。

1.手机接触方面的研究

媒介接触不足以说明媒介使用情况，更加复杂的问题是需要说明二者之间的联系。[①]

有关媒介素养和媒介接触的研究，主要从能否使用手机、能否有节制地使用手机和能否意识到手机使用风险三个维度展开。在能否使用手机问题上，主要从两个方面考虑：其一是设备（如计算机、互联网、手机）的拥有，其二是技术的掌握。目前关于手机接触的学术研究还处于起步阶段，且大部分研究都集中在青少年阶段，现有的研究结果显示，在手机使用方面，青少年的使用能力比大部分成年人要高。多数学术研究都关注手机使用在青少年社会化方面的作用，如：手机使用在青少年社会关系的建立与维持方面的作用，青少年如何通过手机表达自我认同，手机如何影响家庭成员和同龄人的社会关系及交往。从上述研究可以看出，青少年手机素养的研究集中在技能与功能方面。大部分青少年使用的手机功能主要有：收发短信息、玩游戏、查看通话记录、下载铃声、使用手机通讯录等。[②]

在风险意识方面，研究主要关注3G手机兴起后，手机上网的网络安全性问题对青少年的影响，如照片、视频、无限制的互联网接入给青少年手机使用带来的安全隐患。相关技术管理人员认为，青少年和儿童更容易受到暴力和娈童癖的影响。有关手机网络风险，我们需要研究青少年和儿童是如何理解和处理这些风险的。还有网络色情问题，青少年和儿童首先要知道在遇到色情文字、图片和视频时应该如何应对。UKCGO的调查显示，儿童和青少年在遇到网络色情内容时，有离开、删除邮件和继续追逐（点开看、与朋友分享、返回网页）几种选择，这个调查粗略地为我们勾勒出儿童的反应：54%的使用者说不会过多关注。但是几乎没有研究显示他们接触到多少内容，以及他们是如何理解这些内容的。

① LIVINGSTONE，SONIA. Media literacy and the challenge of new information and communication technologies[J]. Communication Review，2004，7：3-14.

② BUCKINGHAM. The Media Literacy of Children and Young People[J/OL]. [2013-06-03]. http://eprints. ioe. ac. uk/145/1/Buckinghammedialiteracy. pdf.

2. 有关手机认识方面的研究

媒介素养核心框架中有关媒介认识的研究，目前以电视方面的研究最多，网络、手机等新媒体的研究成果偏少。此方面的研究主要包括媒介语言、媒介再现、媒介产业和媒介受众四个方面，上述四个方面是媒介素养理论框架中最为核心的领域，目前以电视方面的研究成果最为丰富，有关新媒介的研究成果几乎为零。

以电视为例，有关媒介语言的研究包括摄像机的"镜头语言"，如移动、定格、特写、剪辑等电视语言的基本内容，以及电视节目的类型和叙事特点的区别与理解。研究内容还包括电视中广告的劝服作用、电视暴力、虚构世界与真实世界的关系、电视中消极情绪的应对、如何批判电视节目等。相比之下，手机认识在"手机语言"、手机再现、手机产业发展和手机受众方面的研究则严重不足，需要学者们继续探讨。

3. 有关手机创作的研究

媒介素养中有关创造力的研究，则呈现出新媒体研究居多的特点，尤其以互联网参与、使用、创造性的研究为主。研究表明，媒介作为一种交流和自我表达的工具具有相当大的潜力可以挖掘，并不只是对社交弱势群体才有积极的意义。创造性参与媒介生产对提高媒介批判能力有很大帮助，同时网络游戏、手机新媒介提供了新的互动形式。

对于媒介创造力的界定是比较宽泛的，在媒介使用过程中，除了较复杂的媒介生产活动，如家庭视频、网页制作之外，每天日常的交流活动，如发邮件、发短信，还有玩网络游戏、上网聊天等都可以称为媒介创作。事实上，数字技术已经将媒介生产和消费者之间的界限变得模糊不清，媒介素养中创作力的内涵也已经难于界定。如，我们能将写邮件和发送邮件也看作媒介创作力的一种形式吗？我们可否将一封私人邮件和一个公众留言板上的发言相提并论？音乐共享和为手机下载铃声能算作媒介创造力吗？媒介的创造性参与应该是一个连续的互动活动，并且包含创造性的内容，如制作网页、图像、视频等。在人们努力弄清楚到底什么才能算作媒介创造力的时候，也应逐一考察每种媒介，考虑每一种媒介所具备的创作潜质。

芬兰——世界上最早的大规模普及手机的国家，记载了大量年轻人手机使用中的创造性活动。在许多案例中，手机被当作虚拟宠物，需要对它进行清洁、打扮、喂养（充电）并与之游戏。研究还描述了复杂的手机使用行为，如为电话簿中每个人下载头像，伪装身份用短信与朋友开玩笑，与朋友约定好只响铃而不接听电话等有关手机使用中的“奇特行为”。

目前研究中的不足①：

第一，有关新媒介的研究多集中在媒介接近方面，对于新媒介认识方面的研究较少。也就是说，学者们知道年轻人是如何通过新媒介查找资料的，但是不知道他们是如何使用的，而且关于媒介认识方面的研究规模都比较小。

第二，无论是新媒介还是旧媒介，有关日常媒介内容创作方面的研究都非常少，只有一些以教育为目的的小规模研究。反常的是，有关通过新媒介创作视频、音频等方面的研究要多于对传统媒介的关注。

第三，评价心理发展、社会经验与媒介素养发展水平的相关度是很难的。儿童精通于媒介是由于他们可以接触到更多的媒介吗？他们的接触达到一个“饱和点”了吗？人们可否等他们成长到愿意去学习媒介素养方面的知识时再让他们去学习？

第四，总的来说，电视方面的研究多于广播和新媒介。一个重要的问题是，媒介素养方面的能力可否在各种媒介之间进行传递？一个精通于电视媒介的人，必然会是一个互联网的精通者吗？一个富有经验的印刷品的批判者就一定是一位视频媒介的精明批判者？这些问题对于在多媒体文化环境成长下的儿童非常重要。

第五，人们也需要深入了解媒介素养三个要素之间的相互关联性。儿童是如何利用他们媒介消费者的经历成长为媒介生产者的？相反，他们的媒介生产经验又能在多大程度上促进他们获得更多的知识去成为一

---

① BUCKINGHAM. The Media Literacy of Children and Young People[J/OL]. [2013-06-03]. http://eprints. ioe. ac. uk/145/1/Buckinghammedialiteracy. pdf.

名媒介消费者？

第六，学者们还需要考虑媒介素养的广度和深度方面的问题。例如，一些人精通于某种媒介，为何却在其他媒介上能力较低？媒介的社会渗透一定要求人们达到某种程度的媒介素养能力吗？事实上，每个人都需要发展和提高自己的媒介素养能力。

第七，学者们很难确定一个标准去评估年轻人的媒介素养水平。虽然人们会经常提出某种标准，但是人们至今也无法知道今天的年轻人比20年前的年轻人是否有更多的媒介素养能力。为了达成一致的意见，我们需要探究以下问题：年轻人到底需要什么样的媒介素养？年轻人是否具备了媒介能力去应对当今社会不断发展的媒介现实？以及这个标准的判断基点在哪里？

第八，评价媒介水平标准本身就是一个问题。由于自我报告不可靠，没有区别一个人能力和行为的办法。因此媒介素养研究更多地使用开放式的结尾，以便能更准确地评价多重媒介的能力。测量媒介素养，尤其是媒介理解（undcrstanding）方面的能力，仅仅通过多项选择的问卷调查是缺乏可靠性的。

第九，任何标准都包含隐喻，即不可避免地被质疑是按照确定的社会标准制定的。在评价媒介素养时，社会多样性问题（例如教育的地区差异、经济、社会发展水平）必须一并被考虑进去。

4.影响青少年使用手机的因素研究

第一，足够的证据表明，青少年自觉地发展自身的媒介素养水平的能力在一定程度上与自身的认知、情感和社会化水平的高低成正比，同时也与他们的国际化程度和媒介经验发展的结果同步。总的来说，年轻人在许多领域都表现出比成年人更精通于媒介的能力，至少比成年人有更强的媒介使用能力。

第二，无论如何，在识别媒介素养水平时，年龄都是最显著的影响因素。我们不可能期待或要求一个5岁的儿童具有或应该具有15岁青少年的素养水平。除此之外，还有其他社会因素在发展媒介素养时扮演着重要的角色，可能会起到阻碍作用，也可能会起到促进作用。例如：影响媒介接触的因素——社会地位、可支配收入、性别、种族、硬件和软件设施；封闭和过滤——强制性手段、技术性手段（被动使用和主动寻求）；个人动机——个性和动机。研究发现，使用频率低和不使用计算机并不是因为技术困难，而是因为其与自己的现实生活关联度低。

社会发展是否必须使用互联网？承认媒介使用是多元的，这一点非常重要，人们注册或使用网络有多种原因——有自己的动机，也有其他可能。有很多媒介使用行为都不是事前约定或计划好的，事实可能恰好与之相反，这也反映了需求的变化、注意力的转移和媒介的消遣作用。人们并不认为自己需要提高与他们的兴趣和目标无关的媒介方面的素养。

将媒介素养视为“文化资本”——接近媒介并不只是设备的问题，还有与之相关的知识和技能。“数字鸿沟”不能仅仅理解为中产阶级有电脑、有更好的电脑以及更好的网络，而是应理解为他们知道更多的电脑知识以及如何更好地使用电脑、如何处理他们搜索到的信息。但是有一点是肯定的，儿童有更好的使用技能，他们更喜欢使用电脑，更容易认识到潜在的帮助。但是接近、使用和理解并不是简单的线性关系。

（二）手机媒介素养国内研究综述

笔者于 2012 年 11 月以“手机素养”为主题词在中国知网上检索到 119 篇文献，经过整理与筛选，共有 55 篇与手机媒介素养有关，其中相关度比较高的有 13 篇，其中 7 篇研究是针对大学生手机媒介素养，2 篇探讨手机上网成瘾与手机素养的关系，还有 3 篇关于发展“手机图书馆”以提高信息素养，只有 1 篇是关于中小学生家长、教师及学生手机媒介使用现状及传播形态的调查，这篇文章呼吁学校应尽早加强中小学生的“手机媒介素养教育”。

1.总体概况

通过对上述研究成果的研读、汇总和分析，笔者发现，目前我国手机媒介素养研究尚处在起步阶段，只有极少数的研究人员针对大学生、中小学生群体的手机媒介素养问题进行了小规模的调查研究，手机媒介素养内涵、分析框架等问题尚无明确定论，研究者根据自己的观察和思考，各自确定研究内容，因此相关研究存在不规范、不系统等问题。从严格意义上说，目前的研究，仅仅提出了有关手机素养的问题，尚无系统的论述和解决问题的尝试。研究中关注的群体以大学生为主，其次为中、小学生，此外，这些研究主要从手机媒介环境形成的特点、存在的问题，青少年使用手机时出现的问题，特定群体的手机媒介接触（或使用情况）、认知和理解（或认识）、态度和素养（批判）等方面进行考察，未触及课程或实践层面。

2. 青少年手机使用中出现的新问题

目前，手机在中、小学生中的影响越来越大，也成为大学生生活的普及品。手机媒体的出现实现了传播的随时随地性，手机集多种媒介功能于一身，渗透到社会生活的诸多方面，手机网上服务功能呈现出多样化的特点。① 总之，手机的出现，使得大众传媒的传播手段日益多样，内容更为丰富和庞杂。

但由于手机还是新兴媒介，本身也有些不足，如不良信息的传播、个人隐私的侵犯等。② 同时，手机运营商追求经济利益最大化，目前政府监管的缺失，相关法律、法规的不健全，家庭、学校手机素养教育严重缺乏，使青少年媒介素养出现了一些需要关注的新特点和新问题。如手机广告对小学生的诱惑力，对大学生价值自觉的干扰及导致社会行动的迟滞等方面的影响。③ 大学生沉迷于手机信息传播，对手机有一定的依赖性；不合时宜地使用手机，干扰高校正常的教学秩序；难以抵制手机不良信息，对思想道德建设产生一定影响；热衷于手机文化，使得思维平面化。手机媒体拉大了信息鸿沟。④

---

① 朱艺.大学生手机媒介素养教育探析[J].重庆邮电大学学报(社会科学版),2011(6):127-130.

② 张岩松.大学生手机媒体素养浅析[J].新闻传播,2012(4):250.

③ 安仲森.大学生媒介素养培育的新思维——基于手机媒体环境的分析[J].山东青年管理干部学院学报,2011(2):49-51.

④ 朱艺.大学生手机媒介素养教育探析[J].重庆邮电大学学报(社会科学版),2011(6):127-130.

总之，已有的研究得出的结论是：大学生是手机信息传播中很好的接受者，却不是很好的分析者。[①] 相关的研究都反映出大、中、小学生的手机素养水平有待提升。

3. 手机媒介素养涵义初探

从媒介素养的框架和内容出发，多数研究人员认为，手机媒介素养的内涵就是对手机媒介的认识、使用和批判，但这些研究都缺乏对每一部分含义的界定和描述。有学者认为大学生的手机媒介素养就是大学生正确使用和有效利用手机，并能理性地利用手机媒介资源为其生存发展服务的一种综合能力，具体涉及大学生使用手机媒介的方式、方法和态度，有效利用手机的程度以及对手机传媒的选择能力、批判能力。手机媒介素养主要包括以下四方面内容：(1)手机媒介认知素养，即处理手机信息的能力以及对手机不良信息的正确看法；(2)手机媒介安全素养，是指使用手机传播或接受信息时，具有保证自己安全的能力，能够处理不良信息使自己避免受侵害；(3)手机媒介道德法律素养，即对手机的使用应该有相应的自制能力，能够自觉遵守相关伦理道德和法律法规；(4)手机媒介发展创新素养，是指作为信息的接受者同时也是传播者，应具备创造和传播有意义的信息的能力。[②]

4. 手机媒介素养调查

(1)手机接触方面

大学生手机使用情况调查结果说明，在大学生群体中，手机的占有率和使用率极高，手机持有率达到百分之百，其中 72% 的学生正在使用的为塞班或安卓系统的智能手机。对手机功能的使用，占用大学生时间最长的前五项依次为：收发短信、打电话、浏览网页、使用即时通讯工具(如QQ、飞信、微信)、听音乐。排除手机的基本功能，上网成为学生群体应用

① 朱艺. 大学生手机媒介素养教育探析[J]. 重庆邮电大学学报(社会科学版)，2011(6)：127-130.
② 同上。

频率最高的功能。[①] 大学生除了把手机用于通信外，手机游戏、手机上网已是常态。手机互联网已成为大学生网络应用的重要组成部分。[②] 这一结论在大学生购买手机优先考虑的功能这一问题的调查结果上也得到了验证，75%的学生认为购买手机应该优先考虑其网络功能。

关于手机互联网的接触方面，以往的研究从手机互联网的接触程度、上网时长、上网话费、最常接触的手机媒体、经常应用的服务、上网查看信息的内容等几个方面来呈现。[③] 目前没有研究对接触行为的自我调控、风险意识等指标进行考察。

调查表明，大学生群体存在一定程度的手机依赖行为：21%的学生没有手机在身边时会觉得没有安全感，70%的学生联系隔壁宿舍同学更倾向于打电话、发短信或者QQ聊天而不是当面交谈。

“总把手机放在身上，如果没带就会感到心烦意乱，无法做其他事情；当一段时间手机铃声不响，会感到不适应，并下意识地看一下手机是否有未接电话；总会有‘我的手机铃声响了’的幻觉，甚至经常把别人的手机铃声当做自己的手机铃声；接听电话时会经常觉得耳旁有手机的辐射波环绕；经常下意识地找手机，不时拿出手机看看；晚上睡觉也开着手机；当手机经常连不上网、收不到信号时，会产生焦虑和无力感，而且脾气也变得暴躁起来；最近经常有手脚发麻、心悸、头晕、冒汗、肠胃功能失调等症状出现。”参与问卷调查的学生中，97%的被调研者表示自己符合一半以上的症状，83%的学生有时会下意识地找手机并不时拿出手机来看是否有未接电话或短信，其中一半以上的学生这种情况经常发生。79%的学生有过没有手机便觉得自己与外界失去联络的孤单和失落情绪。[④]

---

① 王萌．大学生手机依赖症的克服与高校媒介素养教育[J]．文学界(理论版)，2012(5)：286-287.

② 曹丹，杨清．大学生与手机互联网——福州市大学生手机上网行为与素养调查报告[J]．东南传播，2009(1)：149-152.

③ 同上。

④ 王萌．大学生手机依赖症的克服与高校媒介素养教育[J]．文学界(理论版)，2012(5)：286-287.

(2)手机认识方面

有研究者从手机互联网的传播功能、对社会日常生活和自身学习与发展的社会价值、使用手机互联网的信任度三个方面考察大学生对手机互联网的认知与理解。[①]

关于手机互联网的传播功能,大学生普遍将传播信息、提供娱乐消遣视为手机互联网最为重要的两项功能,认同这两项的比例分别高达98%和92%。手机在帮助学习知识、传承文化、倡导思想理念、舆论监督、推动社会进步等方面所发挥的作用,也得到一些大学生的初步认同。[②]

关于手机的社会价值,大学生普遍认为手机互联网在社会日常生活中具有存在价值,其中56%的大学生认为"有存在的价值",还有约40%的受调查者对手机上网在社会日常生活中的重要性给予了较高的评价。同时,大多数大学生还比较认同手机上网在促进其自身学习与发展上所发挥的作用,但认为其作用比较有限,只有3%的受调查者认为"作用很大",18%的受调查者认为"作用比较大",40%的大学生认为仅仅是"有点作用",有近33%的大学生认为手机上网在自身学习与发展中"可有可无"。[③]

大学生对手机互联网的信任度还是比较理性的,并具有一定的戒备意识,受调查者中没有人认为手机互联网可以"完全信赖",24%的人持"半信半疑"的态度,8%的人认为其"较不可信",有52%的人持"基本信任"的态度。

(3)手机使用方面

有研究者从手机上网获取信息的数量、快速找到所需信息的评价、手机传播内容的鉴别三个指标考察大学生在手机互联网使用方面的能力。[④]

① 曹丹,杨清.大学生与手机互联网——福州市大学生手机上网行为与素养调查报告[J].东南传播,2009(1):149-152.

② 同上。

③ 同上。

④ 同上。

在获取信息的数量上，大学生总体上为中等偏低水平；在快速找到信息方面，仅有13%的大学生经常"可以实现快速查找"；在鉴别信息能力方面，有61%的大学生认为自己鉴别手机互联网传播内容的能力为中等或一般。①

(4)手机创作方面

有研究者从使用手机互联网的主动性、发表观点的意愿、手机互联网的综合表达能力三个方面考察大学生在手机互联网创作方面的表现。②

大学生在使用手机互联网的主动性和发表观点的意愿方面均比较低，同时有56%学生认为自己在手机互联网方面的综合表达能力一般。③

(5)手机媒介素养提高途径

研究者们认为，应将传统与现代相结合，加强舆论环境、教学体系的构建和德育模式的创新，努力追求媒介素养培育的"非课程化""情境性"和"社会行动体验"。④ 提高大学生手机素养水平，需要政府相关部门、手机媒体从业者、学校和学生四个方面形成合力。⑤

综上所述，我国目前有关手机素养的研究仍处于初级阶段，尚未引起相关领域专家、学者、教育工作者的重视，这与手机的商业开发、应用普及方面的发展速度非常不相适应，需要引起社会的广泛重视。

此处笔者引用研究人员的一段话来结束对国内相关研究的梳理："当家长式的简单干预显然已经无法与媒介争夺未成年人的注意力时，与其一味对媒体信息进行抨击和指责，毋宁帮助未成年人获得一种能力，一种'甄别''批判'和'正确使用媒介'的能力。因而，我们呼吁教育行政部门尽早出台相关文件，把加强中小学生的'手机媒介素养教育'渗透到学校的教育

---

① 曹丹，杨清.大学生与手机互联网——福州市大学生手机上网行为与素养调查报告[J].东南传播，2009(1)：149-152.

② 同上。

③ 同上。

④ 安仲森.大学生媒介素养培育的新思维——基于手机媒体环境的分析[J].山东青年政治学院学报，2011(2)：49-51.

⑤ 侯欣洁.大学生手机新媒体媒介素养刍议[J].新闻爱好者，2010(2)：132-133.

教学之中。为了孩子，为了下一代，‘手机媒介素养教育’已是一项迫在眉睫的工作了。”[①]

第三节 研究思路

在进行研究设计之前，我们能够认识到我国媒介素养教育正处于初期阶段的现状，我们需要做的，首先是对公民特别是青少年媒介接触的行为和观念进行较广泛的受众调查，再根据调查结果做出定性、定量的分析研究，提出媒介教育的政策，探讨适合中国媒介教育的内容和方法，拟定教学模式和参考书目，然后逐步开始媒介教育的实验，培养大量师资，在这个基础上才能进行大规模的媒介教育。[②]

关于媒介素养的概念，至少有三种不同的定义，其差异恰恰在于人们所理解的“媒介”这一概念大不相同。如果大众媒介被视为传递信息的工具和平台，那么媒介素养的重点就会被框定在对媒介内容素养的需求上。由于媒介内容不仅包含信息，还包含主题、思想、价值观、意识形态等，因此媒介内容素养最重要的方面莫过于对媒介信息内容的解读。如果不同媒介被理解为不同的语言系统，报纸、广播、电视等都有自身特殊的意义表达逻辑，那么所谓的媒介语法素养就格外重要，比如一篇报道在报纸上占据的版面大小、标题的字号、段落划分、图片图表的处理等。对这些问题的了解大致上都可以归结为媒介语法素养。若媒介这一概念被界定为环境，那么媒介素养就需要既关注单个的媒介传播，又关注更具普遍意义的社会过程——既然每一个媒介都是一种类型的环境建构，都会以特定方式通过相互关联的特性来影响传播活动，那么媒介之于公众，就要从微

① 魏南江.手机媒介传播形态及其使用现状的万人调查——以江苏省17所中小学家长、学生、教师为例[J].现代传播，2011(1)：116-120.

② 顾斌.媒介素养教育的多维视野[J].当代传播，2006(3)：70-72.

观(单个媒介自身)和宏观(社会)这两个层面来共同把握大众媒介的特质。①

根据我国媒介素养教育的发展处于起步阶段的现实,以及手机是传播技术发展过程中人类所需要面对的新的媒介环境这一现状,本书中的手机媒介素养将以高中生群体为切入点,研究的出发点是将手机视为当代人的媒介生活环境,在手机与社会环境的互动中把握手机媒介素养教育的方向(而不是将手机传播内容和手机媒介的语法体系作为本书的重点),考察高中生群体在手机媒介环境下应何、如何与为何提高媒介素养,为我国开展手机媒介素养教育提供参考性建议。

一、研究框架

为顺利展开研究,我们首先需要对手机媒介素养这一概念进行可操作化定义,在研究设计时,笔者参考了国内外的相关研究成果,重点借鉴了德国比勒菲尔德媒体素质模型,并依据国内的青少年与手机的相关研究成果和我国青少年手机使用中突出存在的问题,来确定本书中手机媒介素养的核心框架。

(一)德国比勒菲尔德媒体素质模型

该模型由德国比勒菲尔德大学教育系教授、媒体教育学家迪特巴克在20世纪90年代中期提出。该理论模型认为,一个人的媒体素质包括以下能力:媒体批判能力、媒体知识、媒体使用能力和媒体创作能力。该模型还将每个基本部分分别进行了界定,具有很强的可操作性。

1.媒体批判

批判的目标是将现有的知识和经验结合起来,不断地对已经发生的

① 陆晔.媒介素养:理念、认知、参与[M].北京:经济科学出版社,2010.

和正在发生的事情进行反思。迪特巴克十分重视媒体批判能力，他认为，媒体批判能力是媒体素质的首要组成部分，是所有其他能力的基础。媒体批判能力包括三种不同的能力：(1)分析能力，是指对社会发展和媒体发展的现状及后果进行分析、判断和了解的能力。(2)自我反思能力，是指媒体自我行为的分析反思和适当调整能力。一个人不仅要学会分析媒体内容，而且要能够将分析的知识用于规范自己的媒体行为。具有媒体批判思想的人不仅能够分析媒体的利弊，还能够通过调整自己的行为方式形成健康的媒体行为。(3)媒体道德意识，是指一个普通的媒体使用者应有的对社会负责的原则并以此对社会进行分析、批判和反思的意识。媒体道德问题涉及对媒体色情、暴力内容的渲染以及对青少年媒体内容的规范等。

2.媒体知识

对媒体和媒体系统的知识，主要包括两个方面：(1)媒体常识，这是关于媒体的基本知识；(2)媒体操作知识，这是关于如何正确操作媒体的知识。

3.媒体使用能力

媒体使用能力主要分为两种：(1)单方面接受媒体的能力，就是单方面解读、接受媒体信息及使用媒体的能力；(2)与媒体互动的能力，就是在使用媒体时与媒体互动的能力。

4.媒体创作能力

媒体创作能力指媒体使用者对媒体内容进行技术处理或内容增改的能力。媒体创作能力分为两种：(1)对媒体内容的革新能力，即根据已有的程序，在已设定的媒体运作程序中或在已有的媒体系统中对媒体内容进行革新的能力。(2)创造性革新媒体的能力，这一能力与美学有关，指超越媒体交流系统，整合其他媒介内容，并进行二度创作的能力。

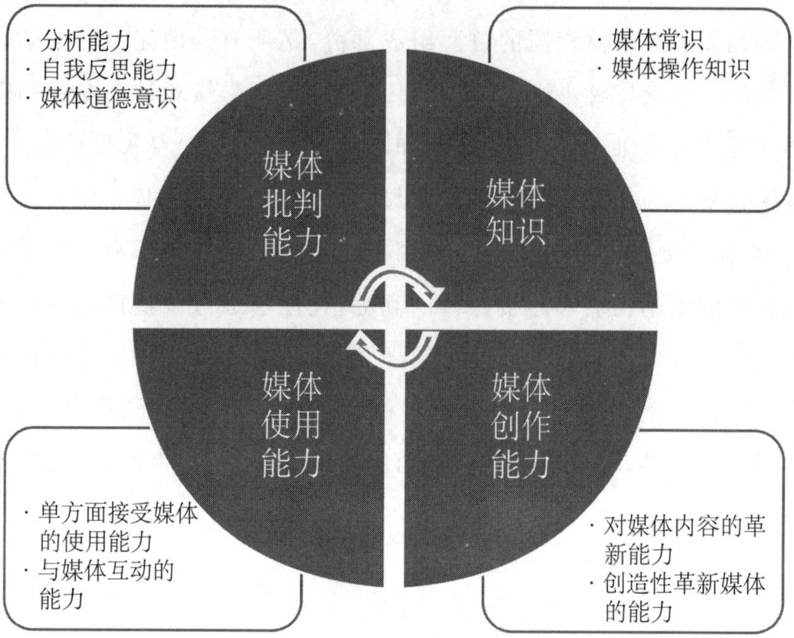

图 0.1　德国比勒菲尔德媒体素质模型

（二）研究框架及内涵阐释

以手机媒介技术特征为出发点，综合媒介素养核心问题，在参考德国比勒菲尔德媒体素质模型并结合我国高中生手机应用情况的基础上，本书以手机媒介素养核心指标及其相关影响因素为研究框架，据此探究我国高中生手机媒介素养是何、应何、为何、如何的问题。研究框架与影响因素见图 0.2。

1. 三项核心指标涵义和研究内容

(1)手机使用(access)

“access”在英文中既指“接近”，也指“使用”，本书之所以选择“access”作为一级核心指标，主要是因为 1992 年在美国阿斯彭举行的媒介素养问题领导人会议上定义“接近”是媒介素养的首要目标，即接近媒介、使用媒介。历史上，对于任何一种新媒介技术而言，其使用者之间都会存

图 0.2 手机媒介素养研究核心框架

在“鸿沟”。手机作为一种新兴媒介,在能否使用手机、使用时间、使用行为、使用功能以及使用能力等方面,个体之间都会有差异。参考德国比勒菲尔德媒体素质模型中第二项媒体操作知识以及第三项媒体使用能力设计的第一个核心指标手机使用(access)的含义及所包含的内容可知,“手机使用”指个人具有技术、能力和条件,能够接近、使用手机媒介,这是手机媒介素养的入门级条件。手机新媒介的特点包含手机使用行为和手机使用能力两个下设指标。手机使用是手机理解和手机创作与表达两项指标的基础。个体因经济、制度、技术、能力或其他原因不能接近或使用手机,将会对其另外两项指标产生直接影响。

(2)手机理解(understanding)

“understanding”在英文中指“理解、懂得、熟知、通晓”,本书确定其为第二个考察指标主要是参考了美国媒介素养研究中心在 1992 对媒介素养的界定,即“人们面对各种信息时的选择、理解、质疑和评估能力”。其中“理解能力”不仅仅是指理解媒介的符号、信息、内容和价值观,还要理解媒介在社会发展中的重要作用,也就是对媒介功能的认知。此外,“理解能力”还指个体根据已有的知识和经验,分析、判断媒介信息并对自己的媒介行为负责任和进行反思的能力,也就是德国比勒菲尔德媒体素质模型中第一项媒介批判中的“分析能力”“自我反思能力”和“媒体道德意识"的集合。因此，本书将手机理解（understanding，也可称"手机认识"）作为第二项核心指标，本指标主要考察个体对手机的认知能力、使用行为的反思能力和手机道德意识。手机使用者在手机行业、手机信息、手机风险、手机道德意识等方面分析、评估、反思，并据此理性地使用手机，发挥手机新媒体在促进个体及社会发展中的作用。

（3）手机创作与表达（creation and expression）

"creation"在英文中本意指"制造、创造"，1992年在美国阿斯彭举行的媒介素养问题领导人会议提出，"媒介素养"所应具有的能力中包含"创作信息"，同时又补充了"understanding，inquiry，self-expression"三个关键词，其中"self-expression"指自我表达。其实，媒介创作是新媒体所具有的独特的媒介素养考察维度，传统媒介世界里，传者和受众是泾渭分明的独立群体，只有互联网、手机等新媒体所具有的平台性、互动性才模糊了二者之间的界限，使得手机使用者（不能再称为受众）的参与、互动以及主体性的实现有了技术支持，让使用者的创作行为变成了现实。德国比勒菲尔德媒体素质模型的第三项媒体使用中将运用媒体、操作媒体的能力分为"单方面接受媒体的使用能力"和"与媒体的互动能力"，这些和第四项"媒体创作能力"中的"媒体内容的革新能力"和"创造性革新媒体的能力"都强调个体在媒体使用过程中需要具备创作和表达的能力。在研究设计中，鉴于手机创作与表达具有一定的关联性，创作是表达的基础，但是有创作行为却不一定有表达行为，因此此指标将分别考核个体的手机创作与表达能力。个体手机创作与表达行为又与个体对相关行为的社会价值、重要性以及自我能力的认知密切相关，在手机媒介发展初期，手机创作与表达的"认知"和"行为"个体之间各有不同，因此本书分别将其列入核心研究指标。

2. 系统影响因素

媒介素养教育要得到体系化的开展，除了自身要得到体系化的完善之外，还需要在国家和社会层面赢得合法性的支持，形成有利于媒介素养教育实践的外部环境和推动力量。[1] 媒介素养教育应该结合自身的文化传统、教育环境与具体国情探索出一条本土化的发展之路。因此,全面考察我国高中生手机媒介素养现状,除了对上述三个核心指标进行论证和考量之外,还需要对相关系统影响因素进行考察和分析。根据已有的研究成果和经验,影响因素从总体上看,可以分为以下两类:

(1)宏观因素

宏观方面主要考察社会环境因素,即考虑对高中生手机素养水平产生影响的社会环境因素。经济方面的影响主要指社会经济地位、家庭可支配收入对于高中生接触手机的可能性、接触的手机的智能程度以及无线互联网所带来的影响。制度方面的影响主要指国家、地区的教育政策对学校教育的影响,学校在国家教育政策的背景下,制定出学生手机使用制度。高中生手机使用制度对高中生接触手机的机会、使用技能的提高以及对手机技术的认知均会产生影响。社会方面的影响指地区经济、文化、教育发展水平及民族、种族等因素对手机媒介接触的影响。人是社会的人,在社会上生存,不可避免地受到所处社会环境的影响,为了能够全面、客观地分析各地区高中生手机媒介素养的现状与成因,并提供未来发展建议,对高中生所处的社会环境、经济、教育发展水平的考察是必不可少的。

(2)微观因素

微观因素主要指学校教育、家长引导、伙伴影响、社区指导四个方面。创造良好的手机媒介使用和引导环境,会促进青少年手机媒介素养水平的提高。学校教育中素质教育、信息传播技术的引入与指导以及相关硬件设施的完善,会为学生手机素养水平的提高起到促进作用。家长在孩子手机使用过程中的正确引导、示范和规范作用的发挥,以及家长对手机的认知、评价、使用能力都会对孩子产生直接影响。伙伴是青少年成长过程中的重要群体,在新媒介技术的使用过程中,伙伴之间的相互沟通、相

① 刘津池.当代媒介素养教育研究[D].长春:东北师范大学,2012:140.

互影响，对于彼此的手机使用能力以及认知水平的提高都有所帮助。作为学生校外生活的重要区域，社区对手机使用相关技能的宣传与引导也会促进学生新媒介使用能力的提高。因此，这些相关方面在影响青少年手机使用能力和素养提高方面会发挥什么样的作用，对核心指标将产生怎样的影响，将在本书的微观影响因素范畴内讨论。

本书将以上述三个核心指标和两个系统影响因素为框架，回答高中生手机素养是何、应何、为何、如何四个问题，采用质化研究和实证研究相结合的研究方法，通过深度访谈高中生、学校管理者、学生家长，并对高中生群体展开问卷调查，立足于中国社会、经济、中等教育发展现状，讨论我国高中生的手机素养现状，探讨适合中国高中生手机素养教育的内容和方法，为手机素养教育的开展提供理论支持和现实依据。

二、研究问题

基于手机媒介素养核心指标和相关影响因素，本书将分别对我国高中生手机媒介素养中的手机使用、手机理解和手机创作与表达三个维度的现状进行研究，并通过建构手机媒介素养指数来考察与分析各地区高中生手机媒介素养水平之间的差异以及影响差异的相关因素。

三、研究方案

(一)研究方法

本书采用质化研究和实证研究相结合的研究方法。

1.文献资料法

通过查阅、收集、整理、研读大量的相关文献资料，本书对国内外有关媒介素养教育的文献资料进行了系统的梳理，为后续问卷设计和调查研究奠定了理论基础。

2.案例分析法

本书通过深度剖析高中生手机媒介素养严重缺失和素养极高的案例，为研究提供有力支持。

3.访谈法

本书就高中生手机媒介素养问题，选择了一些典型的校方管理者、学生家长、学生本人进行访谈，以此获取高中生手机使用现状的深层原因。

4.问卷调查法

本书将采用一定数量的问卷调查，通过问卷调查全面了解各地区高中生手机媒介素养现状，为后续研究及数据平台搭建提供丰实的资料。

5.比较研究法

本书将对各地区调查问卷的数据进行对比分析，剖析造成地区差异的深层原因，丰富研究成果，并为后续手机素养教育的分层次展开提供支持。

6.参与观察法

参与观察法是一种结合文献分析、访谈并直接参与的、以观察和内省为一体的田野观察策略。研究者深入田野，从被观察者的角度进行考察，常用于收集各种资料，尤其是收集各种社会活动、社会现象、人际关系等相关资料，常用于亚文化研究。参与观察法是一种自然状态下的现场调查，观察到的是被调查者的外显行为，调查手段主要靠人的感官和延伸物。本书在对高中生手机以及手机社交媒体的应用方面的特点进行研究时即采取这种方法。

(二)研究方案

1.定性研究设计与方案

本书的定性研究主要是通过对高中生、高中生所在学校的管理者和高中生家长三类主体的深度访谈来实现。对于上述三类主体的深度访谈都分为前后两个时期来进行，前期是研究的开始阶段，本书将上述三类主体的前期访谈作为搜集资料、了解现状的一种手段，为后续研究框架的设计、调查问卷题目的设计做好准备。后期阶段，在问卷调查结束后，本书整理出典型个案中的深度访谈，为了解典型个案的真实状况、成因进行深度挖掘，以此形成结论。

(1)针对高中生的深度访谈

对于高中生的深度访谈分为两个部分：首先在研究开始前，作为搜集资料、了解情况的准备阶段，访谈问题内容涵盖范围较为广泛，为设计问卷和后续研究框架及提纲做好准备；第二部分在问卷调查结束后，选择具有代表性的高中生手机使用者（在人口特征上尽量覆盖地区、学习成绩、年级、班级、学校职务、对家庭关系和学校关系的不同评价等指标）以及手机素养水平或高或低的典型个案进行深度访谈，丰富问卷调查结果，为研究结果提供参考和支持。

(2)针对高中学校管理者的深度访谈

对于高中学校管理者有关高中生使用手机这一问题的态度和行为方面的研究，主要通过深度访谈的研究方法进行。学校管理者具有代表性和相似性，一所高中对本校学生使用手机的管理办法和态度，采访一两个管理者，便可获得相关信息。前期访谈主要了解高中学校对于在校生使用手机的管理方法、态度、困扰、在学生管理中的应用以及已经开展的相关教育情况等，并以此汇总形成学校管理者对高中生手机使用问题的态度和行为。后期访谈主要针对问卷调查中出现的个案并对高中学校管理者进行回访，探讨、分析典型性个案的形成原因以及为学校相关问题的管理带来的启发。

(3)针对高中生家长的深度访谈

高中生家长对于高中生使用手机的态度和做法，具有大同小异的特点，为方便开展研究，本书对家长的态度和行为也采取深度访谈的办法，也分前后两个时期进行。前期访谈主要采集家长对高中生使用手机的态度、管理办法、是否引导、是否监管以及手机在家庭关系中的作用等信息，从整体上勾勒出目前我国高中生家长在高中生手机使用这一问题上的表现类型以及整体现状。后期访谈主要针对问卷调查中出现的典型高中生个案，并对其家长进行深度访谈，探讨和分析该个案形成的原因以及相关的针对措施。

2.定量研究设计与方案

本书的定量研究采取高中生手机媒介素养问卷调查的方式。通常来说，问卷、抽样和实施方案是调查法的三个基本元素。其中，问卷是结构式和标准化的，问题的顺序和内容会事先确定好，且大多为封闭式的问题；抽样是对从总体中抽取的样本展开调查，以此来推断总体的情况，这需要对总体范围和抽样方法进行界定；实施方案将关系到具体的调查数据情况和结论。

本书的问卷调查对象为高中生，内容有关手机媒介素养情况，问卷需要在文献研究和定性研究的基础上进行编制，同时对抽样和实施方案进行设计。

(1)抽样范围

本书以重点高中(省级示范高中)的在校学生为研究对象，全国31个省(市、自治区、直辖市)的省级示范高中均在研究之列，具体做法是对高中学校的在校生、学校管理者、家长代表展开调查，力求全面反映目前我国高中生手机媒介素养水平，分析制约手机媒介素养提高的原因，探究不同的手机媒介素养模型，为开展手机媒介素养教育提供理论和现实的支持。

(2)抽样办法

为展现目前我国高中生手机媒介素养的基本状况，剖析影响手机媒介素养水平高低的主要因素，并为开展手机媒介素养教育实践提供参考意见，本书在抽样时将我国行政区划为华东、华南、华中、华北、西北、西南、东北[1]（本调查研究不包含港澳台地区）七个片区，从各地区总计抽取14所省级以上重点高中。再采取随机整群抽样的办法，从上述14所学校高一、高二、高三每个年级中各抽取文科、理科班各一个，每个班抽取15～20人填写问卷。被纳入调查对象的人口统计学特征在抽样时已列入考虑范围。

第一层抽样方案的选取主要是考虑到我国东西、南北教育水平不均衡，地域差异较大，采用这种抽样方法是希望能更好地涵盖和体现全国重点高中生的手机媒介素养状况，使本书的成果更具有推广和实用性。同时方便考察教育水平差距对高中生媒介素养水平的影响这一指标。

第二层抽样方案采取随机整群的抽样方法，对于高中群体来说，年级和科类是同一所学校中的重要差异指标，因为在同一地区、同一所高中，学生所受的教育和管理相差不大，同一年级文（理）科甲班和乙班的学生之间差异不大，采取随机整群抽样的办法，既方便问卷调查的实施，也利于后期典型案例的跟踪、后续研究的开展以及与非研究对象之间的对比，既方便研究，又提高了研究效率与效果。

（3）问卷设计

问卷调查是了解高中生手机媒介素养的重要方式，在本书中占有举足轻重的地位。问卷以通过媒介素养内涵为理论框架建构的手机媒介素养分析框架为基础，以国内外手机素养的研究以及手机媒介所具有的技术、传播、媒介特征为基础，通过研读有关媒介素养的理论与实证研究，再通过文献和深度访谈，将手机媒介素养研究框架进行可操作化指标设计，从而形成调查问卷。

---

① 华东地区（包括山东、江苏、安徽、浙江、福建、上海）；华南地区（包括广东、广西壮族自治区、海南）；华中地区（包括湖北、湖南、河南、江西）；华北地区（包括北京、天津、河北、山西、内蒙古自治区）；西北地区（包括宁夏回族自治区、新疆维吾尔自治区、青海、陕西、甘肃）；西南地区（包括四川、云南、贵州、西藏自治区、重庆）；东北地区（包括辽宁、吉林、黑龙江）.

四、问卷结构

根据问卷设计思路，调查问卷包括三部分内容，分别为：手机使用、手机理解、手机创作与表达。

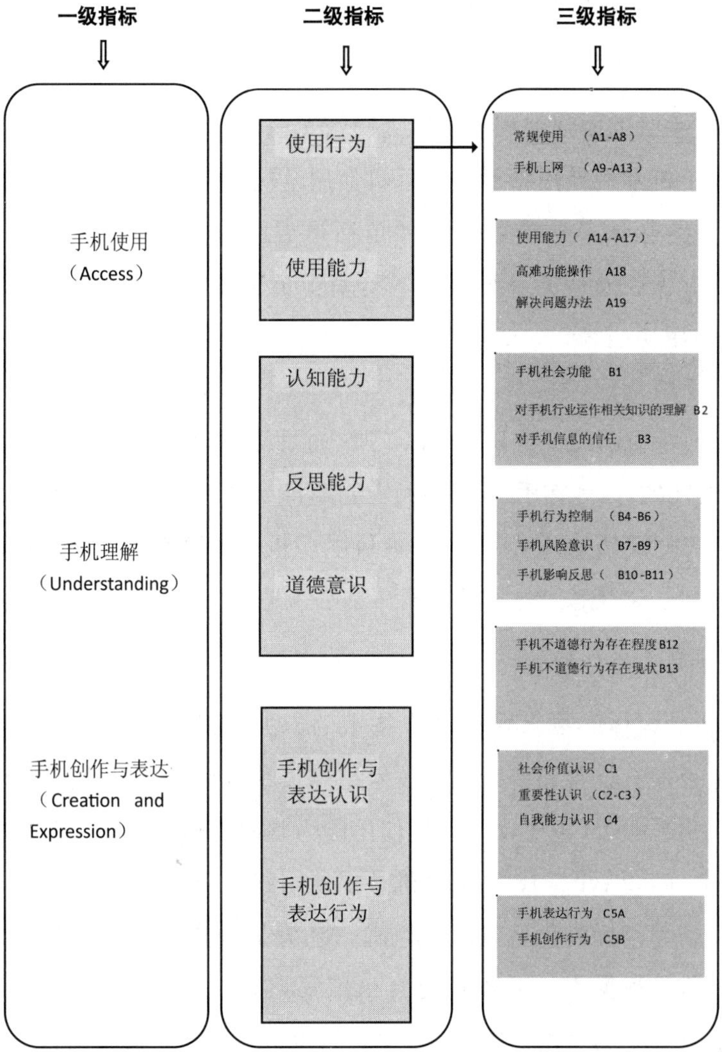

图 0.3 手机媒介素养研究框架及问卷结构示意图

(一)手机使用(access)

手机使用，指个人具有技术、能力和条件，能够接近并使用手机。根据研究框架，手机使用包含使用行为和使用能力两个指标，其中手机使用行为将考察手机常规使用以及手机上网情况，手机使用能力将测量使用能力、高难度功能操作和遇到问题解决办法三个指标。

1.使用行为

考察手机的常规使用和手机上网情况。

(1)手机常规使用指对个体手机使用情况的考察

在传统媒介素养调查中，主要包括是否使用、时间长短、内容选择几个方面，并据此设计了问题 A1～A8，用于考察高中生对手机的基本使用时间和使用功能等。

(2)手机上网

目前，手机已经不再只是通讯工具，而是与移动互联网相结合，兼具移动媒体的功能，因此在手机功能使用方面，除了关注已有的打电话、发短信等功能，我们还需要重点考察个体利用手机上网的情况，并据此设计出 A9～A13 题，以获悉个体手机上网的意愿、频率、时长和功能选择等倾向。

2.使用能力

手机新媒体的技术特征对于技术的掌握情况来说是重要的考察指标，而是否拥有设备和能否操作技术是有关手机使用情况的重要指标，因此问题 A14～A19 主要针对手机使用能力状况进行考量。

综上，问题 A1～A8 构成手机常规使用指标，其中 A1～A7 为单项选择，选择结果经标准化后，进行累加。A8 为手机常见功能可累加的里克特量表，量表根据手机基本功能自己编写，信度检验主要采用克朗巴哈 alpha 系数，A8 的克朗巴哈 alpha 系数为 0.850，alpha 系数大于 0.6 即为合理，说明 A8 有很高的可信度。效度检验主要采用结构效度中的单项与总和的相关效度分析。A8 各单项与总和的相关系数如表 0.2 所示，均达到了可靠水平，故本书认为这个量表是有效的。

表 0.2 问题 A8——手机从事活动效度分析

项目	Pearson 相关性	项目	Pearson 相关性
A81	.478**	A88	.663**
A82	.512**	A89	.648**
A83	.559**	A810	.487**
A84	.627**	A811	.449**
A85	.638**	A812	.691**
A86	.488**	A813	.640**
A87	.663**	A814	.621**

**.在.01 水平(双侧)上显著相关。

问题 A9～A13 是对手机上网情况的考察。A9～A11 通过单选题考察高中生手机上网的意愿、使用强度和时长，将结果标准化后进行累加。A12 是网络应用使用情况的里克特量表，题目设计参考了 2012 年 3 月《中国移动互联网发展状况及其安全报告》中对于移动互联网网络应用的类别划分，其将移动互联网网络应用划分为四类：信息获取、网络娱乐、交流沟通、商务交易。每个类别中选择使用频率最高的应用类型为代表。A13 作为 A12 的补充，采用手机常见应用图标，校对 A12 选择结果的可靠性，不参与构建指标。信度检验：题目 A12 alpha 系数＝0.902，说明其内在一致性很高。效度检验：通过 Pearson 相关性检验，如表 0.3 所示，A12 各单项与总和均达到显著相关。

表 0.3 手机和电脑网络应用情况效度分析

项目	Pearson 相关性	项目	Pearson 相关性
A12S1	.664**	A12S9	.694**
A12S2	.559**	A12S10	.693**
A12S3	.672**	A12S11	.657**
A12S4	.622**	A12S12	.657**
A12S5	.695**	A12S13	.700**
A12S6	.556**	A12S14	.665**

续表

项目	Pearson 相关性	项目	Pearson 相关性
A12S7	.639**	A12S15	.645**
A12S8	.702**		

**. 在.01 水平(双侧)上显著相关。

A14～A19 对手机使用能力指标进行考察。A14～A17 采用单向选择题目对手机使用能力、手机获得信息数量、能力进行评估。A18 和 A19 通过高难度功能完成情况量表选项，来考察手机相关操作掌握情况以及问题解决办法，量表独立设计，各问题项目参考手机日常操作并通过访谈高中生选取相对集中的操作项目汇总而成。

A18 信度检验：题目 A18 alpha 系数＝0.838，说明其内在一致性很高。效度检验：通过 Pearson 相关性检验，如表 0.4 所示，A18 各单项与总和均达到显著相关。

表 0.4　手机较难功能操作情况

项目	Pearson 相关性	项目	Pearson 相关性
A181	.724**	A184	.649**
A182	.816**	A185	.693**
A183	.841**	A186	.753**

**. 在.01 水平(双侧)上显著相关。

A19 测量高中生手机使用过程中遇到问题采取的解决办法，其中1～5 项为遇到问题的具体解决办法，第 6 项“不影响使用，无所谓”为干扰项，因此在信度检验时，需删除第 6 项。

信度检验：A19 alpha 系数为 0.581，基本上接近要求。效度检验：A19 在删除第 6 项之后，通过 Pearson 相关性检验，如表 0.5 所示，A19 各单项与总和均达到显著相关。

表 0.5 手机使用遇到问题解决办法效度分析

项目	Pearson 相关性	项目	Pearson 相关性
A191	.522**	A194	.654**
A192	.653**	A195	.470**
A193	.749**		

**. 在.01 水平(双侧)上显著相关。

(二)手机理解(understanding)

“手机理解”也可以称为“手机认识”，是手机媒介素养的核心部分，指通过宏观上对手机行业、手机传播内容、手机使用行为、手机危害等方面的分析、评估、反思，从而理性地使用手机，发挥手机新媒体在促进个体及社会发展中的作用。根据研究框架，本书中手机理解的内容分为手机认知能力、反思能力和手机道德意识三个下设指标。

1.认知能力

历史上，任何一种媒介素养的考察，都需要了解使用者对于相关媒介社会功能的认知。因此，本书下设手机社会功能、对手机行业运作相关知识的理解、对手机信息的信任程度三个指标。其中，手机社会功能认知中的问题 B1 参考了媒介的社会功能，如传播信息、娱乐消遣、舆论监督、推动社会进步、传承文化等，为突出受访者对最主要功能的认知，该题在 8 个选项中限选 5 项，以突出数据调查的重点。

有关手机行业运作相关知识的理解的问题 B2，知识量表共设计了 10 个问题，并参考了郭中实、周葆华、陆晔和李维的量表，问题涉及手机技术、手机运作流程、手机商业特色、手机信息认知等方面。

信度检验：第 5、第 8、第 10 项逆向处理及删除第 6 项(干扰项)后，alpha 系数为 0.664，达到基本要求。效度检验：B2 在删除第 6 项之后，通过 Pearson 相关性检验，如表 0.6 所示，B2 各单项与总和均达到显著相关。

表 0.6　手机行业运作相关知识的理解

项目	Pearson 相关性	项目	Pearson 相关性
B21	.549**	B27	.541**
B22	.548**	B28	.540**
B23	.593**	B29	.525**
B24	.582**	B210	.265**
B25	.553**		

**. 在.01 水平(双侧)上显著相关。

对手机信息的信任程度判断——问题 B3，通过五级量表，判断受访者对手机上获取的信息的信赖程度。

2. 反思能力

根据第二章对手机与青少年相关研究的梳理可知，青少年能否有节制地使用手机以及能否意识到手机使用的风险，是目前教育主管部门和家长最关心的问题，也是青少年手机使用过程中的突出问题。反思能力涉及手机行为控制、手机风险意识、手机影响反思三个指标。

手机行为控制问题为 B4～B6，其中 B4、B5 分别从时间控制和行为控制两方面进行考察。B6 是手机依赖行为的里克特五级量表，量表设计参考了手机依赖行为量表。

信度检验：B6 的 alpha 系数为 0.896，达到要求。效度检验：通过 Pearson 相关性检验，如表 0.7 所示，B6 各单项与总和均达到显著相关。

表 0.7　手机依赖行为效度分析

项目	Pearson 相关性	项目	Pearson 相关性
B61	.722**	B67	.563**
B62	.595**	B68	.760**
B63	.619**	B69	.786**
B64	.794**	B610	.661**
B65	.706**	B611	.653**
B66	.760**	B612	.624**

**. 在.01 水平(双侧)上显著相关。

对手机使用风险的认知测量涉及问题B7～B9。B7通过6项手机常见风险的量表考察高中生对风险的认知程度,问题设计参考了手机使用中的潜在风险。

信度检验:B7的alpha系数为0.875,达到要求。效度检验:通过Pearson相关性检验,如表0.8所示,B7各单项与总和均达到显著相关。

B8、B9考察高中生对风险防范知识的掌握程度及其是否会主动防范。

表0.8 手机使用风险评估效度分析

项目	Pearson相关性	项目	Pearson相关性
B71	.739**	B74	.852**
B72	.798**	B75	.828**
B73	.829**	B76	.651**

**.在.01水平(双侧)上显著相关。

考察手机对日常生活的作用认知涉及问题B10、B11,这两个问题分别从日常生活和自身学习与发展两个方面考察手机所发挥的作用。

3.手机道德意识

问题B12～B13与手机的不道德行为的评判以及对其存在程度的认知相关。B12的设计参考了目前手机使用中突出存在的问题,采用里克特五级量表来判断其不道德行为的程度。

信度检验:B12的alpha系数为0.846,达到要求。效度检验:通过Pearson相关性检验,如表0.9所示,B12各单项与总和均达到显著相关。

B13通过五级量表考察高中生对手机使用不道德行为现状的评估。

表0.9 手机使用不道德行为评估效度分析

项目	Pearson相关性	项目	Pearson相关性
B121	.682**	B125	.768**
B122	.690**	B126	.735**

续表

项目	Pearson 相关性	项目	Pearson 相关性
B123	.747**	B127	.718**
B124	.720**		

**. 在.01 水平(双侧)上显著相关。

(三)手机创作与表达(creation and expression)

媒介创作是新媒体所具有的独特的媒介素养考察维度,在传统媒介世界里,传者和受众是泾渭分明的独立群体,互联网、手机等新媒体所具有的平台性、互动性模糊了二者之间的界限,使得手机使用者(不能再称为受众)参与、互动以及主体性的实现有了技术支持,让使用者的创作行为变为了现实。

虽然手机创作与表达具有一定的关联性,但是有创作行为却不一定有表达行为,表达是指个体在情感、意识等方面乐于去与他人分享并参与公共讨论,因此,此指标将分别考核个体手机创作与表达的认知和行为两个方面。

1.手机创作与表达的认知

根据心理学中认识与行为的关系,一个人思想上认识到,行动上才能有所体现。同时,虽然说手机使用为使用主体提供了表达和参与的机会,但是我们也不能将日常的沟通联系、收发短信、接听电话等都界定为手机创作行为。为了区别主体的参与程度以及信息编制中创作的努力程度,这里按手机创作与表达行为中主体努力和创新程度由浅入深,表达行为影响范围由少至多的标准,将表达行为分为人际表达和意见表达两种。而创作行为将重点考察多媒体制作能力,上述三个方面构成手机创作与表达行为的重点内容。

考察手机创作与表达的社会价值涉及问题 C1,7 个项目的里克特五级量表设计参考了曹丹、杨清的研究《大学生与手机互联网》。

信度检验：C1 的 alpha 系数为 0.925，达到要求。效度检验：通过 Pearson 相关性检验，如表 0.10 所示，C1 各单项与总和均达到显著相关。

表 0.10 手机创作与表达社会价值判断效度分析

项目	Pearson 相关性	项目	Pearson 相关性
C11	.767**	C15	.867**
C12	.777**	C16	.867**
C13	.841**	C17	.855**
C14	.861**		

手机创作与表达对于个人、社会发展两个层面的重要性认知涉及问题 C2、C3，C4 涉及手机创作与表达能力的评估。题目均采用五级程度选择以考察个体之间的差异。

2. 手机创作与表达行为

考察个体手机表达行为和创作行为涉及问题 C5，为了区别相关手机使用行为中主体参与以及努力程度的不同，在编制此题目时，根据由浅入深，影响范围由小至大的标准，将表达行为分别界定为人际表达和意见表达两种。而创作行为将根据目前可创作的载体划分为文字、图片、音频、视频、网页制作和空间设计等，并逐级考察多媒体制作行为。各种行为将分别通过里克特五级量表考察个体参与程度。手机表达行为 C5A 由 C51～C54 构成。

信度检验：C5A 的 alpha 系数为 0.843，达到要求。效度检验：通过 Pearson 相关性检验，如表 0.11 所示，C5A 各单项与总和均达到显著相关。

表 0.11 手机表达行为 C5A 效度分析

项目	Pearson 相关性	项目	Pearson 相关性
C51	.577**	C53	.903**
C52	.888**	C54	.884**

**. 在.01 水平(双侧)上显著相关。

手机创作行为C5B由C55～C58组成。信度检验：C5B的alpha系数为0.884，达到要求。效度检验：通过Pearson相关性检验，如表0.12所示，C5B各单项与总和均达到显著相关。

表0.12　手机创作行为C5B效度分析

项目	Pearson相关性	项目	Pearson相关性
C55	.863**	C57	.890**
C56	.887**	C58	.803**

**.在.01水平(双侧)上显著相关。

五、数据分析

本书将分两个步骤进行数据分析：差异分析和指数构建。这两个步骤数据处理的差异在于，指数构建要求三级指标都具有相同量纲(一般通过标准化实现)，而差异分析由于一般不涉及指标之间的关系检验，故不要求量纲一致。

(一)数据处理

本书的三级指标数据处理包括以下四种情况：

1.可累加的里克特量表

这种情况处理起来相对简单，将各题得分相加，便可做进一步分析。本书中三级指标的测量只有可累加的里克特量表的包括：高难功能操作(A18)、遇到问题解决办法(A19)、对手机行业运作相关知识的理解(B2)、手机行为控制(B6)、不道德行为存在程度(B12)、社会价值认识(C1)、表达行为(C5A)和创作行为(C5B)。

2.单个独立题

这种情况也较为简单，直接将该题的原始数据作为下一步分析的数据即可。此种类型在本书中不多，仅两个三级指标：对手机信息的信任

(B3)和自我能力认识(C4)。

3.多个独立题

多个独立题目,由于题与题之间的量纲不同,本书采取的办法是先将各题得分标准化,然后将标准分数相加,以便后续分析。这部分包括的三级指标有:使用能力评估(A14～A17)和重要性认识(C2～C3)。

4.同时累加量表和多个独立题

这种情况处理起来较为麻烦,本书采取的办法是:将各个独立题标准化,累加独立题的标准分数——将累加量表题项得分累加,然后将得分标准化——按照多个独立题和累加量表题1:1的比重,将两类得分相加,得到总得分,再利用总得分进行差异分析。

(二)指数建构

1.德尔菲法

为构建高中生手机媒介素养指数,本书采用德尔菲法(Delphi Method)为手机媒介素养核心框架一级、二级指标构建权重,各三级指标权重相等。

德尔菲法实施过程:(1)以邮件的形式,将手机媒介素养核心研究框架及内涵阐释分别发予12名专家,征求意见;(2)收集、汇总专家意见,将专家们提出的意见集中起来加以归纳后反馈给他们;(3)再次征求专家的意见,将专家意见汇总后求平均值,作为一级、二级指标构建权重的依据。

2.手机媒介素养各级指标权重

经过对专家意见的汇总整理和计算平均值,获得手机媒介素养各级指标的权重,构建手机媒介素养各级指标。

第一章　问卷调查结果

第一节　被调查高中生的社会人口特征

一、问卷情况

本研究的问卷调查总计发出问卷1500份，回收1321份。调查在2012年12月25日至2013年1月15之间进行。问卷通过邮寄的方式，由中学教务处代发放和回收，各地区问卷回收情况如下：

表1.1　高中生手机媒介素养问卷调查及回收情况

地区	中学名称	回收问卷份数
东北地区	长春二中	188
	大连一中	
华北地区	清华附中	188
	广渠门中学	
华东地区	义乌中学	277
	龙岩一中	
	屯溪一中	
华南地区	广西师大附中	93

续表

地区	中学名称	回收问卷份数
华中地区	临川二中	287
	华中师大一附中	
	湖南师大附中	
西北地区	西北师大附中	190
	西安中学	
西南地区	绵阳中学	98

二、加权处理

鉴于回收问卷中各地区份数分布不均衡(西南地区和华南地区各只有 1 所中学,华中、华东地区各有 3 所中学),因此华东、华南、华中、华北、西北、西南、东北相应权重分别为 2/3、5/2、2/3、1、1、5/2、1。加权后,被试学生地区分布情况为:

表 1.2　调查问卷地区分布

		频率	百分比	有效百分比	累积百分比
有效	华东地区	164	14.3%	14.3%	14.3%
	华南地区	165	14.4%	14.4%	28.7%
	华中地区	158	13.8%	13.8%	42.5%
	华北地区	171	14.9%	14.9%	57.4%
	西北地区	165	14.4%	14.4%	71.9%
	西南地区	163	14.2%	14.2%	86.0%
	东北地区	160	14.0%	14.0%	100.0%
	合计	1146	100.0%	100.0%	

从表 1.2 可见,加权后各地区所占的比例基本上没有差异。

三、受访对象的基本情况

性别。在被试高中生(N=1146)中，男生501人，约占44%；女生645人，约占56%。其中女生所占比例比我国实际高中生中女生比例(49.41%)略高。

年级。在被试高中生(N=1146)中，高一年级434人，约占38%；高二年级455人，约占40%；高三年级257人，约占22%。高三年级学习任务重，时间紧张，接受问卷调查的人数略低。

科类。在被试高中生(N=1146)中，文科学生440人，约占38%；理科学生706人，约占62%。

学习成绩。在被试高中生(N=1146)中，学习成绩在班上排名前1/3的人数约占39%；中间1/3的人数约占40%；后1/3的人数约占21%。学习成绩中等以上人数所占比例略高于实际情况。

家庭居住地。在被试高中生(N=1146)中，农村学生人数139人，约占12%；县级城市人数265人，约占23%；地级城市人数328人，约占29%；省会级城市人数414人，约占36%。各级行政区高中学生均有所覆盖，有利于城乡差别方面的数据分析。

家庭经济状况。家庭经济状况按照从富裕到贫困分成5个级别，其中家庭经济状况中等水平所占比例最多，约占71%，富裕以上的约占19%，贫困以下的约占10%。

是否在学校担任职务。在被试高中生(N=1146)中，在班级担任职务的约占51%，不担任职务的约占49%。其中担任职务的比例偏高，估计与中学教务处协助发放问卷有关，老师会委托班干部负责问卷的发放和回收，导致担任职务学生比例偏高。

住校还是走读。在被试高中生(N=1146)中，住校学生约占58%，走读学生约占42%。高中生住校与否对手机使用影响较大，故将学生是否住校列入考察范围。

第二节　我国高中生手机使用的基本状况

本书的主要目的是为手机媒介素养教育提供理论和方案支持，而不是论证我国高中生是否具有手机媒介素养。任何一种媒介，在谈论个体对相关媒介具有怎样的素养水平时，都是以媒介接触、媒介使用为前提的，也就是说，手机媒介素养教育研究必须从手机使用状况着手展开，媒介使用状况也将成为媒介理解、媒介参与和媒介创作的基础，三者之间相互依存、相互影响。下面看一下高中生手机使用情况。

一、高中生手机使用行为方面的特点

(一)手机常规使用情况

1.普及程度

问卷调查结果显示，手机在我国高中生中已经非常普及，94%的高中生都拥有自己的手机，其中使用智能手机的比例高达70%。从手机使用的历史看，近80%的学生在初中之前就开始使用手机，在小学就开始使用的人数比重在30%以上。

2.日常使用强度

调查结果显示，在日常使用方面，天天都能使用手机的学生大约占53%，日使用时间在1小时以内的占多数(近50%)，超过2小时的人数很少(12%)。在每星期使用天数方面，呈现2天和7天的两极分化态势，由此可见，高中生手机使用时间受学校手机管理制度影响较大：每星期使用2天即在周末时间使用，平时在学校会被禁止使用；每星期使用7天的，可能是走读生，每天离开学校后使用手机，还有一种可能是学校对学生使

用手机不进行限制。在手机话费方面，每月50元以下的居多，约占70%，可见，从整体上看，高中生手机使用时间受学校管理、学习时间等因素制约，强度不是很高。

3.手机功能使用

在手机功能使用方面，问卷调查发现，最常使用的七项功能分别为：电子词典(闹钟、计算器)、听音乐、微信/QQ/MSN/飞信、拍照(摄像、录音)、无线上网、发短信、打电话。上述七项功能的使用情况差异不大，但是作为手机最基本的打电话功能却位列最后。同时，电子词典、计算器等辅助学习的工具在高中生群体中最受欢迎，其次是“听音乐”和微信等其他即时通信工具。在访谈中，高中生在谈到使用手机的哪些功能时，一半以上的学生会谈到刷微信、看新闻、玩QQ空间、查英语单词、上网查资料等。学习好的同学会用手机来查单词，有的同学提到“听音乐，偶尔上网”“日常流行音乐的接触基本通过手机来实现”“手机内所有的歌曲都能哼唱出来”，偶尔还有同学会提到“看小说”“刷微博”“男生爱玩游戏、女生爱自拍和聊天”等。由此可见，手机作为一种随身性、移动性的工具，在娱乐、交流、工具、信息获取方面的功能与通讯功能分庭抗礼，手机最初所具有的打电话、发短信等基本功能在高中生群体中发挥的作用并不突出，这

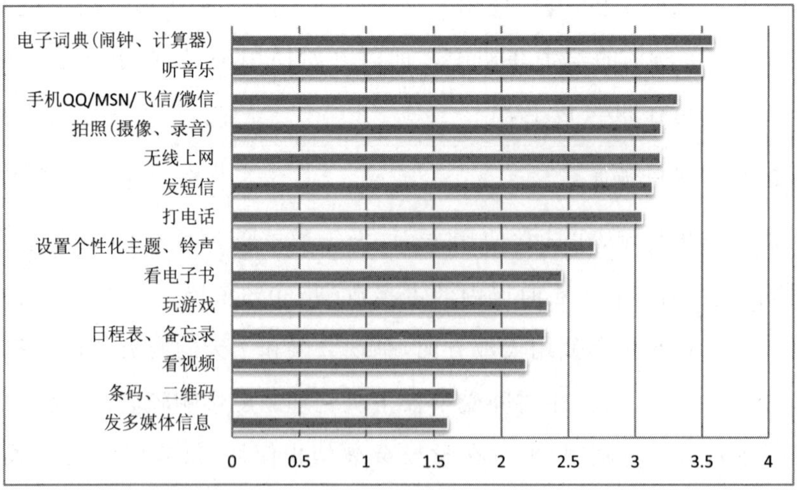

图1.1 高中生手机各项功能使用强度统计表

是目前我国高中生手机使用方面比较突出的特点。

(二)手机上网情况

1.手机上网意愿

在受访者中,愿意上网的同学比例高达75%,其中"非常愿意"的占近40%,"用不用均可"的同学约占22%,"不愿意"的仅为3%左右,可见,通过手机接入互联网广受高中生的青睐。

2.手机上网强度

根据调查结果显示,目前,高中生手机上网强度不高,总体均值为3.18,处于比"正常使用"略高一点的水平,其中"从未使用"(6%)和"重度使用"(10%)所占比例非常低,大部分同学都能够通过手机连接互联网,但使用强度方面呈现出"正常使用"(38%)、"经常使用"(28%)、"很少使用"(18%)依次递减的态势。由此可见,高中生通过手机上网比较普遍,但使用强度不高。

3.手机上网时长

根据调查结果显示,目前,高中生日手机上网时长平均在半小时左右,其中大部分学生日使用时长在半小时以内,约占总人数的41%,日使用时长半小时以上1小时以内的约占23%,使用时长1小时以上的人数仅占18%,不使用的约占19%。可见,高中生手机上网强度不高,低于其他青少年群体。

4.手机上网应用

鉴于高中生手机上网越来越频繁,本书考察了高中生手机上网所从事的活动类型。根据2014年1月CNNIC发布的《中国互联网络发展状况统计报告》中互联网应用情况的分类方式,目前,人们通过手机上网主要用到信息获取、网络娱乐、交流沟通、商务交易四类应用:信息获取包括搜索引擎和网络新闻等,网络娱乐包括网络音乐、网络游戏、网络视频、网络文学等，交流沟通包括即时通信、博客/个人空间、微博、社交网站、电子邮件、论坛/BBS等，商务交易包括网络购物、网上支付、网上银行等。

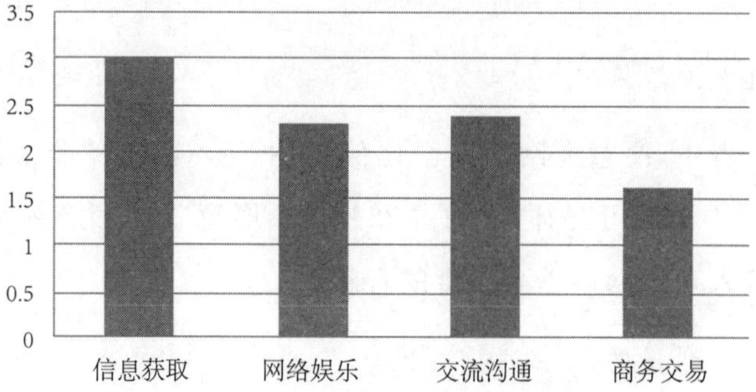

图 1.2　高中生手机网络应用使用情况

从调查结果看，高中生手机上网从事最多的是信息获取活动，其次是交流沟通和网络娱乐活动，商务交易类活动较少。在四大类网络应用中，唯有信息获取类应用的平均使用强度达到中等水平(均值为3)交流沟通类和网络娱乐类使用强度在“比较少”和“中等水平”之间，而商务交易类应用使用强度则为“非常少”。

在所有应用中，“交流沟通”类应用中的“即时通信”使用程度最高，位列各类网络应用之首。高中生通过手机“即时通信”类的软件，如微信、QQ、飞信等进行日常沟通与交流、分享心情、获取资讯已经非常普遍，其中QQ的使用比例最高，超过94%的受访者都在使用，第三章将以QQ空间为例对社交媒体应用方面的素养进行案例研究。“信息获取”类应用中的“搜索引擎”功能使用频率也非常高，仅次于“即时通信”类。上述两项网络应用的平均使用强度均值都高于中间值3，分别为3.383和3.255。另外，排在第三位的网络应用是“交流沟通”类应用中的“博客/个人空间”，第四位的是“网络娱乐”类应用中的“网络音乐”，随后依次为“网络新闻”“微博”“网络文学”“网络视频”和“社交网站”，上述7种网络应用的均值都处在“比较少”的水平。其余6种使用强度为“非常少”的网络应用，从高到低依次为网络游戏、论坛/BBS、电子邮件、网络购物、网上支付、网上银行。

在四大类网络应用方面，从图 1.2 可见，总体上呈现出信息获取类使用最多，交流沟通类其次，网络娱乐类再次，商务交易类最少的趋势。在每一大类网络应用中，各类应用呈现出不均衡的使用态势。其中，在信息获取类应用中，“搜索引擎”的使用活跃度要高于“网络新闻”，可见高中生更乐于在网站上通过搜索关键词的方式主动获取信息。在网络娱乐类应用中，“网络音乐”作为学生的最爱，当之无愧位列首位，其次为“网络文学”“网络视频”和“网络游戏”。这一结果有些出人意料，青少年最喜爱的网络游戏在四项网络娱乐类应用中表现不突出，这是高中生在网络应用方面区别于其他青少年群体的最大特色。在访谈中，学生在谈到网络游戏时说到“也想玩啊，没时间”“学校不让带手机”“玩游戏，但是不太多”。另外，大部分学校管理严格，不允许学生带手机，限制学生在校使用手机的时间，另一方面由于学习任务重，学生本人自控力也要强于同龄人。

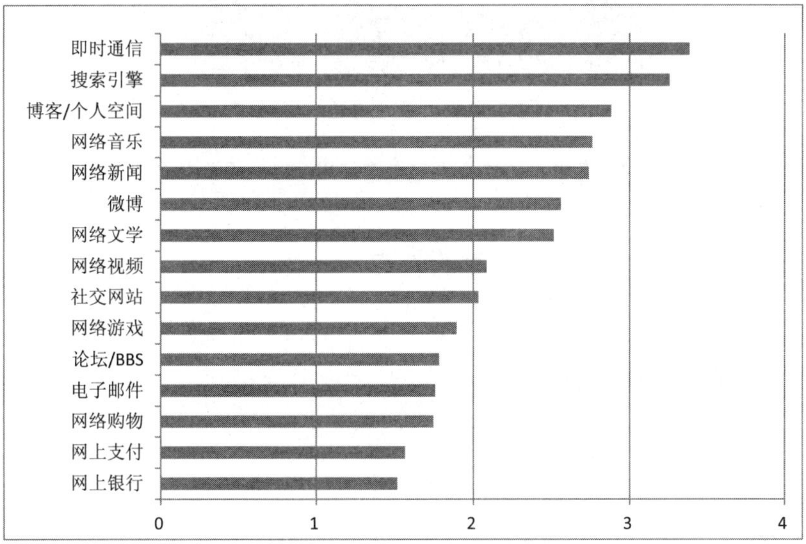

图 1.3　高中生手机网络应用使用情况

在交流沟通类应用中，即时通信类应用位于首位，其次是博客/个人空间，再次则是微博、社交网站、论坛/BBS 和电子邮件。同时，为能够比较全面地反映高中生手机上网活动，本书将之与电脑上网活动进行了比较。结果显示，高中生通过手机和电脑进行上网的活动中，在信息获取（通过独立样本T检验，T=−11.586，sig.=0.000<0.05）、网络娱乐（通过独立样本T检验，T=−21.151，sig.=0.000<0.05）、交流沟通（通过独立样本T检验，T=−5.466，sig.=0.000<0.05）、商务交易（通过独立样本T检验，T=−13.718，sig.=0.000<0.05）方面都存在显著差异。从使用量上看，通过电脑上网仍多于使用手机上网，其中在交流沟通方面，手机所发挥的作用已比较接近电脑。

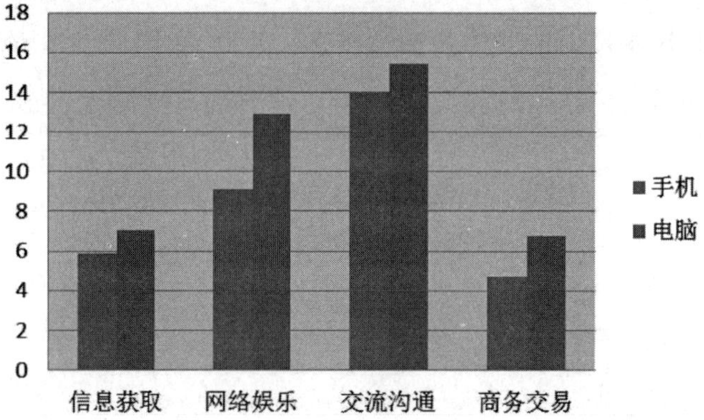

图1.4　高中生通过手机与电脑使用网络应用情况对比

二、高中生手机使用能力方面的特点

（一）手机使用能力评估

1.手机使用能力

从整体上看，受访者对自己的手机使用能力比较自信，全体均值为3.43，表现出比较高的水平，近88%的学生认为自己的手机使用能力在一般水平以上，其中，认为自己水平“比较高”的有近33%，“非常高”的占13%。这一调查结果虽然不能判断出高中生手机使用能力是否真如学生自己所判断的一样，但至少传递出一个乐观的信号——新一代的年轻人对于手机、互联网等数字技术的使用充满信心。

2. 手机获取信息量

从整体上看，受访者通过手机获取的信息量还是比较多的，全体均值为 3.47，处于中等偏上水平，其中，通过手机获取信息量在中等水平以上的超过 85%，其中“比较多”的约占 43%，“非常多”的约占 12%。与手机网络应用等情况综合起来分析可见，虽然高中生手机上网强度并不太高，但是获取的信息量却不少。由此可知，在高中生的媒介接触中，手机已经成为比较重要的信息来源之一。在访谈中，学生都表示没有时间看电视、听广播，课间会阅读一下班级订阅的报纸或刊物，其他资讯的获取基本通过手机实现。在获取信息方面，住校生和走读生之间差异比较大，走读生每天可以回家，不但可以通过电视、报纸、广播等其他媒体获得资讯，还可以使用手机、PC 机等。但是，住校生就不同了，媒体接触限于学校为学生准备的内容，如电视或广播节目。虽然住校生也可以在自习时间通过图书馆或多媒体教室上网了解资讯、查找资料，但住校生无论在时间还是接触范围上都要比走读学生受限。

3. 手机查找信息能力

从整体上看，受访者对于自己通过手机查找信息还是比较自信的，全体均值为 4.07，受访者基本都能够通过手机查找到需要的信息。通过手机查找到所需要的信息基本没有困难的学生超过受访总数的 91%，其中，完全能够通过手机查到需要信息的学生约占 46%，基本能够查找到的学生约占 46%。与第一项手机使用能力调查结果相比较，学生在通过手机查找所需信息方面更加自信，超过对自己整体手机使用能力的评估。

4. 鉴别手机信息的能力

从整体上看，受访者对于自己鉴别手机信息的能力也是比较自信的，全体均值为 3.80，处于中等偏上水平，约 93%的同学能够基本上对手机信息作出判断，其中，认为自己能够“较好”地鉴别手机信息的人约占 42%，能够“非常好”地进行鉴别的约占 23%，认为自己鉴别能力为“比较差”和“非常差”的总计不足 8%。可见，高中生在鉴别手机信息能力方面也呈现出比较自信和乐观的状态。在访谈中，学生谈到，他们会依据信息来源是否权威以及自身的经验和阅历来判断信息的可信度。

（二）手机操作技能

为考察高中生的手机使用技能，本书调查了6项略有难度的手机技能使用情况。从调查结果看，更新手机内容（添加电子书、歌曲和视频）和安装新软件两项功能在手机使用上较为普遍，使用比较多。升级系统、电脑资料备份、云同步等技能的使用程度较低，均处于较低水平，而刷机的使用程度更低。

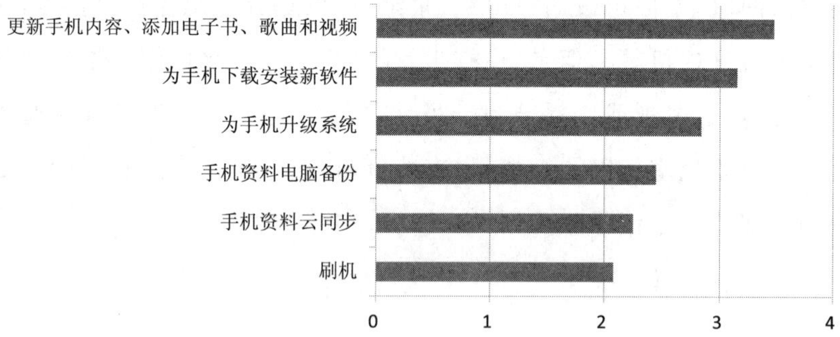

图1.5 高中生手机较难功能使用情况

为了寻求手机使用技能提升的途径，研究过程中还考察了同伴群体之间在操作技能方面是否存在差异。经研究发现，在比较难的操作技能方面，男生和女生存在显著差异（独立T检验，$T=3.444$，$sig.=0.001<0.05$），男生的手机使用技能高于女生。同时，学习成绩自变量对手机使用技能方面并没有显著影响，学习成绩优与劣，在手机技能方面并没有显著差异（通过方差分析，$F=0.549$，$sig.=0.578>0.05$）。研究结果表明，班级学习前1/3的学生使用技能略强，其次为后1/3的学生，排名最后的则是中间1/3的学生，但是学习成绩不同的学生之间没有明显差异。

为考察在手机使用方面是否存在"技术鸿沟"，本书就学生居住地和家庭经济情况对操作技能的影响进行了方差分析，经研究发现，家庭经济状况和居住地对学生的手机使用技能方面均存在显著影响。通过方差

(F＝15.087,sig.＝0.000＜0.05)可知,家庭经济状况对学生手机技能方面存在显著影响,富裕家庭学生的水平较高,贫困家庭学生的水平最低,家庭经济状况对于能否使用手机以及手机的使用技能仍然具有较直接的影响。对于学生的居住地,通过方差(F＝3.815,sig.＝0.010＜0.05)可知,居住在城市和农村的学生在手机使用技能方面也存在显著差异,调查结果显示,水平从高到低依次为大、中、小城市,最低的是农村。上述调查结果在一定程度上验证了手机使用技能在城乡之间以及经济水平不同的家庭之间存在“技术鸿沟”现象。

高中生对于自身使用手机的态度是否会影响其操作技能呢?通过方差(F＝29.111,sig.＝0.000＜0.05)可知,持支持、反对和中立态度的使用者在手机技能方面存在显著差异。在手机操作技能水平方面,随着态度从支持、中立到反对,技能呈现出从高到低的趋势。在将手机应用到高中生学习这个问题方面,态度不同的学生之间是否存在显著差异呢?通过方差(F＝17.611,sig.＝0.000＜0.05)可知,持不同态度的学生的手机操作技能存在显著差异。调查结果表明,非常支持这一做法的同学得分最高,其次是质疑这种做法的学生,得分最低的是“没想过”这种做法的同学,可见,一个人的态度还是对行为有影响力的,对手机使用不做思考、情绪消极者,其在使用技能方面的表现也略差。

(三)手机使用遇到问题解决办法

当手机使用过程中遇到问题时,目前,高中生主要通过自己操作去尝试解决,其次会选择向人请教,相对比较专业的解决方式,如查阅说明书、论坛查找和官方网站查询方式的采用比例相对较低。在访谈时问及遇到问题怎么办时,大部分学生都表示自己很少遇到问题,偶尔遇到的问题反复实验几次就解决了,如果还不行就到网上百度一下或在网上向好友请教,而几乎不会去请教家长,更不会请教老师,还有部分受访者表示,家长有时候还会向自己求教手机的某些操作方法。

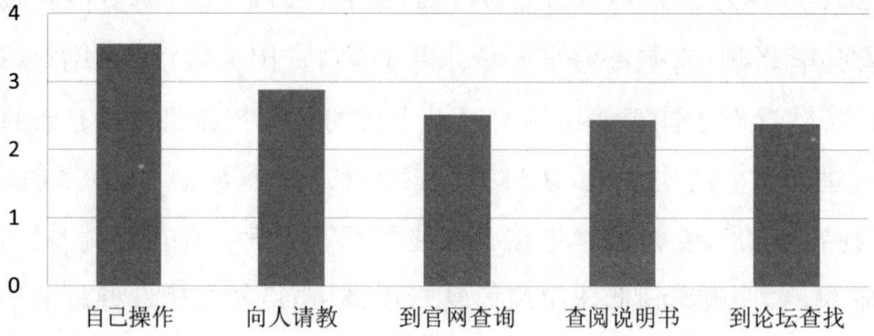

图 1.6　高中生手机使用遇到问题解决办法

家庭经济状况和居住地对高中生手机使用遇到问题解决办法方面依然存在显著影响。通过方差（F＝7.083，sig.＝0.000＜0.05）可知，家庭经济状况对学生遇到手机使用问题如何解决方面存在显著影响，结果依然是富裕家庭的孩子得分最高，贫困家庭的孩子得分最低。同时，对于学生的居住地，通过方差（F＝2.829，sig.＝0.037＜0.05）可知，居住在城市和农村的学生在遇到手机使用问题时解决方式上存在显著差异，调查结果显示，得分从高到低依次为大、中、小城市的学生，最低的为农村学生。此种现象与手机操作技能共同验证了“知识沟”现象在城乡之间的存在。

三、对高中生手机使用基本状况的分析

本章对高中生手机使用行为和使用能力两方面展开调查研究，其中，“使用行为”方面包含手机常规使用和手机上网情况两个维度，“使用能力”方面主要考察了受访者手机使用能力评估、手机操作技能、手机使用遇到问题解决办法三个方面的情况，相关研究结果汇总如下：

（一）我国高中生手机使用方面呈现出普及程度高和使用强度低的状态

通过问卷整理和分析发现，手机在高中生群体中已经非常普及，94％的学生都拥有自己的手机，几乎人手一部，其中智能手机拥有率也比较高，约占70％，高于目前智能手机在全国的普及率66％。同时，高中生手

机上网的比例也比较高，占受访者的80%，可见，无论是手机的拥有率还是手机上网的普及程度均比较高。但是，从日使用时间、周使用时间、手机资费以及手机上网强度、时长等指标来看，虽然手机在高中生群体中普及程度比较高，但是使用强度并不高。其中，天天都能使用手机的学生比例仅占53%，且日使用时间大部分低于1小时，日手机上网时间在半小时以内的学生数量所占比例最高，同时，目前高中生手机资费也比较低，低于50元的约占70%。由此可见，我国高中生受学校管理和学习时间限制，在手机使用方面呈现出普及程度高和使用强度低的状态，手机新媒体对高中生的影响并没有完全释放出来。

（二）我国高中生手机功能使用方面，工具性、娱乐性和社交性特点突出

在手机常用功能方面，高中生在电子词典、计算器、闹钟等工具和听音乐、社交媒体等娱乐、社交方面应用的使用上比较突出。手机上网、手机音乐、游戏、拍照等娱乐休闲功能是目前青少年群体使用比较频繁的手机应用，高中生群体也不例外。但是，高中生对手机电子词典、计算器、闹钟、日程表等功能使用比较频繁，高出其他青少年群体对这方面功能的使用。[①]。同时，高中生群体对手机最基本的接打电话、短信功能的使用并不突出，这也就表明，手机在高中生的应用中已经偏离了父母为其提供手机的初衷，如“为了孩子安全和接送时联系方便，随时能问候一下情况”等。正如孟利艳、刘加星在《青少年手机使用与日常生活方式的变迁》中指出的，“手机在青少年群体中的使用，已经脱离了最初意义上的、旨在便捷进行事务联络的目的，也不再仅仅满足于发展需要上的正功能的发挥，甚至其关于通讯媒介的显功能亦正在消匿，而逐渐被通讯传播之外的、以娱乐休闲为主的附加功能所取代”。[②]

手机上网已成为青少年使用手机的主要目的，[③]高中生群体也不例

① 孟利艳，刘加星．青少年手机使用与日常生活方式的变迁[J]．青年探索，2013(4)：64-67．

② 同上。

③ 同上。

外。在手机上网应用中，“即时通信”作为“交流沟通”类应用名列第一，通过微信、QQ、飞信进行日常沟通与交流、分享生活点滴、获取资讯的现象较为普遍。其次为“信息获取”类应用中的“搜索引擎”。位于第三位的网络应用是“交流沟通”类应用中的“博客/个人空间”，第四位的是“网络娱乐”类应用中的“网络音乐”，随后依次为“网络新闻”“微博”“网络文学”“网络视频”和“社交网站”。其余6种使用强度“非常少”的网络应用，从高到低依次为网络游戏、论坛/BBS、电子邮件、网络购物、网上支付、网上银行。由此可见，高中生手机网络应用也呈现出社交、工具、娱乐的使用偏好，值得关注的是，高中生群体网络娱乐应用中“网络游戏”的使用强度非常低，这是手机功能方面与其他青少年群体最大的差别之处。

(三)我国高中生对自我手机操作技能呈乐观态势

研究发现，目前，高中生在使用能力、查找信息和鉴别手机信息能力等方面，均呈现出比较乐观、自信的状态。有88%的学生认为自己的使用能力高于一般水平，有91%的学生认为自己通过手机查找所需要的信息基本没有困难，有93%的学生认为自己能够基本上对手机信息作出判断。同时，高中生也非常愿意通过手机上网来获得信息，有75%以上的同学愿意通过手机上网，并且认为目前自己在手机上获得的信息量还是比较大的。由此可见，高中生对自己的使用能力还是比较自信和乐观的。虽然我们不能以此断定高中生群体在手机使用能力方面确实达到了比较高的程度，但是积极乐观的评估也为研究人员传递了一个信号，青少年正以积极乐观的心态投入到手机、互联网等新媒体所构建的媒体环境中。

(四)我国高中生手机操作技能方面隐含“知识沟”

数字媒介在接入与使用上带来的数字鸿沟研究，探讨了新的信息与传播技术及知识分布之间的关联将会带来怎样的社会结果。也有学者创新性地试图勾连数字技术接入与使用鸿沟对人们知识沟的影响，提出新媒介技术成为一个显著影响和型塑知识沟的变量，知识沟可以被视为第三道数字鸿沟。[①]

在手机操作技能方面，城乡差异和家庭经济条件对手机操作技能均具有显著影响：住在城市、家庭经济条件好的学生手机使用技能高；农村、家庭经济条件差的学生手机使用技能低。研究结果表明，手机作为新媒体的代表，其使用与普及过程中“知识沟”（或称为“数字鸿沟”）依然存在。我国疆域辽阔，东西、南北各地之间政治、经济、教育、文化发展程度不均衡，相互之间差异明显，同时，在同一个地区的各级城市、城乡之间也有所不同。除此之外，各个家庭的经济收入也直接影响受访者对手机的使用与认知。总之，我国各地区之间以及家庭经济状况不同的高中生在手机操作技能方面存在显著差异，缩小知识沟需要国家、地方、学校、家长、社会联动。与此同时，高中生个体对于手机使用的态度也会对其操作技能产生直接影响，越支持使用手机的同学，其手机操作技能也越高。

在我国现行的教育体制下，高中生最重要的考核指标是学习成绩，学校最主要的办学成就也体现在高考成绩和升学率上，学校、家长、学生三方围绕着“高考”这个指挥棒在不断努力，以通讯、数字、信息技术引领的新媒介技术由于不在高考评价体系之内，因而不受重视。同时，由于学生迷恋玩手机会影响学习，因此大部分学校都明令禁止学生携带和使用手机。目前我国高中在一、二年级中都开设“信息技术教育”这门必修课，一般每周两节课，在高二年级实行会考。课程有统一的教材、教学和考试大纲，由于教材更新慢，很多计算机、软件知识都已经过时，跟不上信息技术发展的步伐，同学们普遍兴趣不浓，认为对自己技能提升的意义不大，学习只是为了应付会考。在走访时，呼和浩特第二中学的信息技术老师谈到，学校会根据同学们的需求自行开设新软件或新课程，但会遇到学生水平参差不齐的情况，因此教师不能整齐划一地讲授。在本书中，学生高中学习成绩对其手机操作没有显著影响，这也印证了高中生手机使用技能与学生学习、学校教育之间不存在直接关系，学生的新媒介技术的接触、

① 韦路，张明新．第三道数字鸿沟：互联网上的知识沟[J]．新闻与传播研究，2006(04)：43-53.

使用均处于自学与自由状态。

第三节　我国高中生手机理解的基本状况

本书在设计时，对手机媒介素养教育中“媒介”的关注主要是手机这个新兴媒介所建构的媒介环境以及高中生群体以其特定方式与手机所建构的社会环境之间相互关联、互动时所呈现出的特点，从而为开展我国手机媒介素养教育奠定基础，提供参考意见。该研究思路将直接影响第二部分“手机理解”的研究内容，此部分与传统媒介“媒介理解”的内容有所不同，研究中既没有关注手机传播的信息，也没有研究手机媒介的“语法”特征，而是将手机视为新的媒介环境。在新媒介应用上，本书以青少年和高中生群体在使用、互动中所需要的理解能力为考察重点，主要涵盖对手机媒介环境的认知能力、手机使用行为的反思能力、手机使用中的道德意识三个方面。

一、手机认知能力

(一)手机社会功能

在手机的社会功能方面，高中生普遍将传播信息、娱乐消遣视为手机最重要的两项社会功能，认同这两项功能的同学比例高达95%和92%；除此之外，高中生对手机帮助学习知识也有较高的认同度，认同人数比例为74%；对于手机推动社会进步、舆论监督、传承文化、倡导思想理念、缓和社会矛盾等方面所发挥的作用，仅得到部分学生的认同。

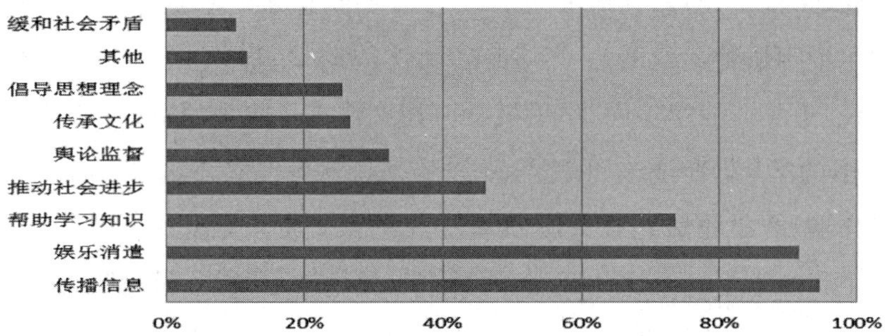

图 1.7 高中生手机社会功能认同情况

(二)对手机相关行业知识的理解

1.相关问题理解情况

对手机行业运作相关知识的理解，量表共设计了 10 个问题，问题涉及手机技术、手机运作流程、手机商业特色、手机信息认知等方面。原题目采用里克特五级量表，为较直观地分析、对比调查结果，此处将“非常同意”和“比较同意”合并为“同意”，将“非常不同意”和“不同意”合并为“不同意”，中间项目保持不变。经过计算后，相关问题结果如下(第 6 项为干扰项，剔除)：

(1)1/3 的学生不同意“明星用手机玩微博是因为他们喜欢与大家交流”这一观点，同时有 1/4 的学生同意这个观点，另外有 2/5 的学生说不清楚。

(2)近 2/3 的学生不同意“手机应用排名是由手机用户的关注度和下载数量决定的”这一观点，同时有 1/10 多的学生同意这个观点，另外有 1/4 的学生说不清楚。

(3)超过 2/5 的学生不同意“新手机内置的软件是手机生产商为方便消费者使用安装的”这一观点，同时有 1/4 的学生同意这个观点，另外有不足 1/3 的学生说不清楚。

(4)不足 1/3 的学生不同意“手机设置密码后，手机内储存的内容就不会外泄"这一观点，同时有近1/2的学生同意这一观点，另外有近1/3的学生说不清楚。

(5)近2/3的学生同意"手机微博让人们有了更多的话语权"，同时有1/10多的学生不同意这一观点，另外有1/4的学生说不清楚。

(6)近2/5的学生不同意"智能手机的最大特点是触摸屏幕"，同时有超过1/3的学生同意这一观点，另外有不足1/4的学生说不清楚。

(7)近1/2的学生不同意"移动互联网与手机上网是一回事"，同时有近1/5的学生同意这一观点，另外有不足1/3的学生说不清楚。

(8)近2/3的学生不同意"手机更新换代速度之快，是人们手机使用要求越来越高的结果"，同时有1/10多学生同意这一观点，另外有不足1/5的学生说不清楚。

(9)近2/5的学生"经常知道如何判断网上查询到的资料是否可靠"，同时有近1/3的学生经常不知道如何判断网上查询到的资料是否可靠，另外有超过1/4的学生不知道如何判断网上查询到的资料是否可靠。

从上述统计结果可见，总体上看，大部分学生对第②项"手机应用排名是由手机用户的关注度和下载数量决定的"、第③项"新手机内置的软件是手机生产商为方便消费者使用安装的"以及第⑨项"手机更新换代速度之快，是人们手机使用要求越来越高的结果"这三个问题所隐含的手机行业的商业内驱力是有所知晓的。同时大部分学生对第⑧项"移动互联网与手机上网是一回事"这个手机行业的技术方面知识也是知道的。在这九个问题中，对上述四个问题能够做出比较准确的判断的学生比较多。同时，这些问题也表现出一个比较大的特点就是，在各个题目中，选择"说不清楚"的学生比较多，每个问题都有1/3左右的同学对题干的观点表示"说不清楚"，这可以在一定程度上映射出学生对书本之外的社会问题关注较少，没有自己的观点，不愿意思考、动脑，喜欢随波逐流。

2.对手机行业运作相关知识理解的影响因素

为比较全面地展示学生对手机行业运作的相关知识的理解，本书探讨了各地区之间、不同性别之间、不同家庭经济条件和是否参与过社区手机知识培训等自变量之间的差异，并对数据进行了进一步分析。通过方差分析得知，学生对于手机行业运作的相关知识的理解受到上述因素的影响十分显著。

首先来看不同地区的情况。通过方差（F＝2.767，sig.＝0.011＜0.05）可知，我国各地区之间高中生对手机行业运作相关知识的理解存在显著差异，其中，调查结果显示，西北地区水平略高，其他地区差异不大。

不同性别之间，通过独立 T 检验（T＝－2.248，sig.＝0.025＜0.05）可见，男生、女生对手机行业运作方面相关知识的理解存在显著差异，女生略高于男生。

不同经济状况家庭的情况，通过方差（F＝3.987，sig.＝0.003＜0.05）可知，不同经济状况家庭中的学生对手机行业运作方面相关知识的理解存在显著差异，显示出经济条件越富裕对相关问题的理解越好的倾向。

是否在社区参加过手机方面的知识培训对手机行业运作的相关知识的理解，通过方差（F＝3.424，sig.＝0.033＜0.05）可知，参加与没有参加过相关培训的学生之间存在显著差异，其中参加过的比没有参加的学生对上述问题的理解略好。

但是，学生的年级、科类、学习成绩、学校对手机使用的管理办法、父母及本人对手机使用的态度等自变量对手机知识理解方面不存在显著影响。此外，学生的学习成绩、年级高低、科类等显性指标对于手机知识的理解影响都不大，但家庭、社区、地区环境却有着一定程度的影响。

3.对手机信息的信任

从整体上看，受访者对手机信息持基本信任的态度，约 58％的学生认为手机上获得的信息是“基本可信”的，同时持“半信半疑”的学生约占 35％，其余持“完全信赖”“较不可信”和“完全不信”观点的人数比例非常低。可见，高中生对手机信息整体上还是比较信任的。

二、手机使用的反思能力

(一)手机行为控制

1.控制手机使用时间

在控制手机使用时间方面，37%的学生"对自己有信心，完全可以控制使用时间"，另外有49%的学生"不太自信，偶尔会超时"，其余"很难控制""经常失控"和"完全不能控制"的学生比例非常低。

2.控制手机使用行为

在控制手机使用行为方面，49%的学生"对自己很有信心，完全可以控制"，另外有38%的学生"不太自信，偶尔会失控"，其余"很难控制""经常失控"和"完全不能控制"的学生比例非常低，总计不足13%。

3.手机依赖情况

(1)整体情况

在手机使用时间和使用行为控制力的判断方面，学生自身还是比较自信的，呈现出比较乐观的态势，85%以上的学生都比较有信心，认为可以控制自己的手机使用行为。但实际情况怎么样呢？我们再来看一下手机依赖行为情况。

从问卷调查情况来看，高中生手机依赖情况不突出，呈现出比较乐观的状态，在测试题目中，学生的依赖水平均比较低，这与学生自己的判断基本相符。在12项手机依赖行为中，受访高中生最常见的行为是"发短信或者QQ聊天而不是当面交谈""手机没在身边时会觉得没有安全感""晚上睡觉也开着手机"，但三项行为的总体均值也没有达到中等水平。其余各行为都处于"比较少"和"非常少"的水平。由此可见，受访高中生的手机依赖情况不严重，呈现比较乐观的态势。

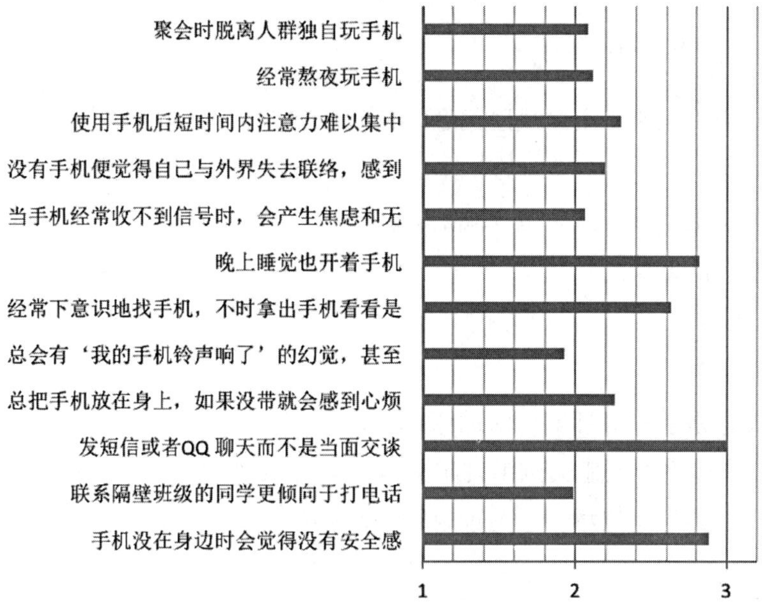

图 1.8　高中生手机依赖行为表现

(2)影响手机依赖的因素

对手机依赖的因素进一步分析发现,学习成绩对手机依赖方面有显著影响(方差分析 F＝5.195,sig.＝0.006＜0.05)。这一点需要引起研究人员的注意,学习成绩越差的学生,手机依赖程度越高。同时,学生的家庭居住地不同,其对手机的依赖程度也有所不同(方差分析 F＝4.763,sig.＝0.003＜0.05),生活的城市越繁华,学生手机依赖程度越高。

同时,学校管理办法对手机依赖程度也有显著影响(方差分析 F＝3.568,sig.＝0.029＜0.05),其中不限制高中生手机使用的学校,学生对手机依赖程度更高。这也提示我们,学校还是需要制定相关的手机管理措施的,对高中生手机使用行为进行约束和管理,从而保证正常的课堂和校园秩序。

同时,高中生个体对手机使用的态度对手机依赖程度也存在显著影响(方差分析 F＝38.834,sig.＝0.000＜0.05),对手机使用越支持,其手机依赖程度就越高。

(二)手机风险意识

对于手机使用中的风险问题，高中生还是有一定程度的认知的，但对于如何防范风险，近77%的学生都表示知道的很少，其中只有一小部分同学曾经主动寻找过防范风险的方法。这方面的知识也是学生手机媒介素养教育的重点之一。

(三)手机影响反思

无论是手机对日常生活的影响，还是对学生自身的学习和发展的影响，近70%的学生都认为手机带来的影响意义非凡，大部分高中生对于手机所发挥的作用持肯定态度，持悲观态度的学生所占比例非常低。

三、手机道德意识

(一)不道德行为判断

在高中生看来，手机使用中的不道德行为是比较严重的，对于手机偷拍、手机黄毒、网络谣言、垃圾短信、人肉搜索、手机作弊等不道德行为，高中生都有比较好的认知。但对于手机广告、推销等不道德行为，学生们认为其并不十分严重。受年龄和社会阅历所限，高中生对手机商业诈骗方面的认识略显不足。

(二)不道德行为现状

对于目前高中生手机使用中不道德行为的现状，30%的学生认为问题严重，16%的学生认为不严重，另外54%的学生则认为问题不突出。

四、对高中生手机理解基本状况的分析

本部分主要从高中生的手机认知、使用能力反思和手机道德意识三

个方面来考察手机理解这一指标。其中，手机认知主要从手机的社会功能、对手机行业运作相关知识的理解和对手机信息的信任度三个方面衡量；使用能力反思主要从行为控制、风险意识和手机影响反思三个方面衡量；手机道德意识从不道德行为存在程度和不道德行为现状两个指标来分析。研究结果如下。

（一）高中生对手机媒介持有积极乐观的态度

高中生对于手机的社会功能和手机对社会及自身发展起到的作用，都持积极乐观的态度，对于手机的传播信息、娱乐消遣、帮助学习等显性社会功能有比较高的认同度，但高中生对手机缓和社会矛盾、倡导思想理念、舆论监督等隐性社会功能仍存在认识不足的情况。同时，近 70%的高中生认为，手机无论在对日常生活中，还是对学生自身学习和发展都发挥着积极作用，持悲观态度的学生所占比例比较低。

（二）高中生对于手机行业运作的相关知识理解差异较大

从整体上看，高中生对手机行业的技术特点、商业目的、盈利模式等方面的知识，在认识和理解上整体水平偏低，且群体内部存在较大的差异。受访者对各题目的判断结果，呈现“同意”“不同意”“不清楚”三种意见“平分秋色”的态势，这一方面意味着高中生对手机行业运作知识的理解不尽相同，另一方面从“不清楚”选择偏多的现实也可以看出其对社会问题的思考存在惰性。由于相关知识的缺乏，高中生群体容易被迷惑而在不知不觉中落入技术陷阱，这方面是开展手机媒介素养教育的重点，培养高中生的思考、批判能力更是重中之重。

同时，研究结果还显示，不同地区、不同性别、不同家庭经济条件以及是否参加过社区手机知识培训等因素对该问题的理解存在显著影响。相反，学生的年级、科类、学习成绩、学校对手机使用的管理办法、父母及学生本人对手机使用的态度等对手机知识理解方面不存在显著影响。这从一个侧面提示我们，学校传授的知识、考评办法及成绩等对学生如何看待社会现象和社会问题的影响较小，这也是我国中等教育需要思考的问题之一。

(三)高中生对手机使用控制力较好，依赖情况不严重

调查结果显示，高中生对于自身的手机使用时间和使用行为控制还是比较自信的，依赖程度均比较低，手机依赖情况不突出，呈现比较乐观状态，这与学生自己判断基本符合。这一结果估计与样本均来自各省级重点中学有关，这也为青少年群体理性使用手机等新媒体工具促进自身学习和发展提供了鲜活的案例。

同时，在手机依赖的影响因素中，学习成绩、家庭居住地、学校管理办法、高中生对手机使用的态度等因素对手机依赖方面影响显著：学习成绩越差的学生，手机依赖程度越高；生活的城市越繁华，手机依赖程度越高；对手机使用不加以限制的学校，学生对手机依赖程度高；高中生个体对手机使用越支持，手机依赖程度越高。

(四)高中生对手机使用风险和道德意识有初步认知

对于手机使用中的风险问题，高中生有一定程度的认知，但对于如何防范风险，近77%的学生都认为知道的很少，其中只有一小部分同学曾经主动寻找过防范风险的办法。这方面的知识也是学生手机媒介素养教育的重点之一。

高中生认为，手机使用中的偷拍、黄毒、网络谣言、垃圾短信、人肉搜索、手机作弊等不道德行为目前是比较严重的。但对手机广告、推销、手机商业诈骗等问题的认识略显不足。

总之，在手机理解方面，高中生在行为控制、风险意识、道德意识方面的认知程度尚可，但对于手机行业知识、社会功能认知等方面的理解略显不足，相关问题在之后的章节将会进一步论述。

第四节　我国高中生手机创作与表达的基本状况

手机创作与表达是指个体有能力通过手机媒体创作内容，并能够进行有效的沟通与表达。创作与表达是基于数字新媒体环境的一种新能力。目前，媒介素养教育内容创作方面的研究需要进一步调查接收信息和生产信心之间的关系，在媒介环境中，需要更多地说明学习、文化表达和公民参与的有益之处。[①]

一、对手机创作与表达的认知

(一)手机创作与表达社会价值

1.总体情况

受访者对手机创作与表达在社会发展中起到的作用有着比较深刻的认识，80%的学生认为其对社会发展比较重要，近70%的学生认为手机创作与表达对于促进个人发展也是比较重要的因素之一。学生对于手机创作与表达“有助于平等表达、自由交流”“有助于信息流动和意见形成”“有助于公众参与公共生活”三方面的社会价值有比较高的认同度。对于手机促进民主化进程、监督公共权力运行、提高民主意识等方面发挥的作用，学生的认可程度略低，还需要加强媒介方面的教育以提高这方面的认识。

2.影响因素

为解决如何提高高中生手机创作与表达的认知这一问题，我们首先

① LIVINGSTONE, SONIA. Media literacy and the challenge of new information and communication technologies[J]. Communication Review, 2004, 7: 3-14.

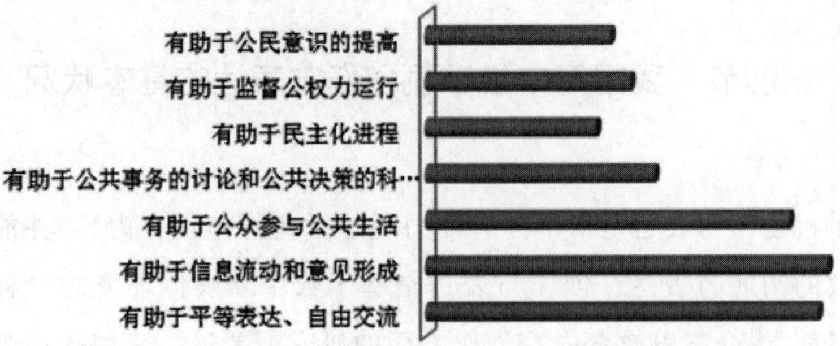

图 1.9　高中生手机创作与表达的社会价值认知情况

要考察一下影响手机创作与表达的认知的因素。家庭经济状况、父母态度、学校管理办法以及学生本人的态度对手机创作与表达社会价值判断都有显著影响。

(1)家庭经济状况。通过方差分析(F＝4.625，sig.＝0.001＜0.05)可知，家庭经济状况对于学生手机创作与表达的认知方面存在显著影响。其中，富裕家庭学生对手机创作与表达的社会价值认同度最高，非常贫困家庭学生的认同度最低。

(2)父母态度。通过方差分析(F＝5.720，sig.＝0.003＜0.05)可知，父母对孩子使用手机的态度不同对高中生手机创作与表达的认知有显著影响。家长越不允许使用手机，孩子对手机创作与表达的期望越高，越希望发挥其在社会发展中的作用；家长对手机使用不限制，孩子的期望反而低一些。

(3)学校管理办法。通过方差分析(F＝3.118，sig.＝0.045＜0.05)可知，学校管理办法不同对学生手机创作与表达的认知有显著影响。其中，学校管理手段越严格，学生对手机创作与表达的期望越低。

(4)学生的态度。通过方差分析(F＝16.338，sig.＝0.000＜0.05)可知，学生本人对高中生使用手机的态度不同对手机创作与表达的认知有显著影响。

（二）综合表达能力评估

1.总体情况

通过以上分析可知，学生基本能够认识到手机使用与表达的社会价值，但是对于自身通过手机进行表达的能力却不够自信，整体水平偏低。

2.影响因素

性别、家庭居住地、经济状况、个体态度、社区手机知识传播等指标对学生评估自己的综合表达能力都有显著影响。

（1）性别。独立样本 T 检验（T＝2.518，sig.＝0.012＜0.05）表明，性别对自我表达能力评估有显著影响，其中男生对自己的手机表达能力更加自信；自我评估水平略高于女生。

（2）家庭居住地。通过方差分析（F＝5.024，sig.＝0.002＜0.05）可知，居住在城市和农村的学生，对于通过手机进行自我表达能力的评估结果之间存在显著差异。生活在城市的学生更加自信，农村学生最不自信。同样是生活在城市的学生，所在城市越大，学生越自信。

（3）家庭经济状况。通过方差分析（F＝11.280，sig.＝0.000＜0.05）可知，家庭经济水平的高低对高中生手机自我表达能力评估存在显著影响。家庭富裕的学生最自信，其次是非常贫困的学生，而家庭经济状况一般的学生最不自信。

（4）个体态度。通过方差分析（F＝27.452，sig.＝0.000＜0.05）可知，高中生本人对高中生群体手机使用的态度对自我表达能力的评估存在显著影响。持支持态度的学生最自信，持反对态度的最不自信。

（5）社区手机培训。通过方差分析（F＝10.227，sig.＝0.000＜0.05）可知，是否参与过社区的手机知识培训对手机自我表达能力评估有显著影响。参与次数越多，对自己的手机表达能力越自信；没有参加过相关知识培训的人，表现最不自信。社区培训为提高手机表达能力提供了一种途径，社区是比较适宜开展手机媒介素养教育的场所。

二、手机创作与表达行为

(一)手机创作与表达行为概况

从整体上看，高中生手机创作与表达行为仍处于较低水平，其中，手机打电话、发短信、发微信、QQ留言等基本的表达行为发生频率最高，大约80%的学生经常这样做；通过手机在论坛和微博发表意见、参与公众讨论等“意见表达”行为发生频率一般。其余如“意见表达、多媒体创作”等行为发生频率较低，而且，随着表达与创作难度的加大，相关活动参与程度也随之降低。

在手机创作行为中，文字和图片创作活动整体上处于中等水平，大约有一半以上的受访者平时通过文字、图片在手机上表达个人观点和情感；音频、视频等创作行为整体上非常少，仅有20%的学生偶尔通过音、视频创作行为在手机上表达观点和情感；通过手机进行网页制作和空间设计的学生更是少之又少，大约有不足15%学生有这方面行为。可见，目前高中生的手机创作与表达仍然处于比较低的水平。

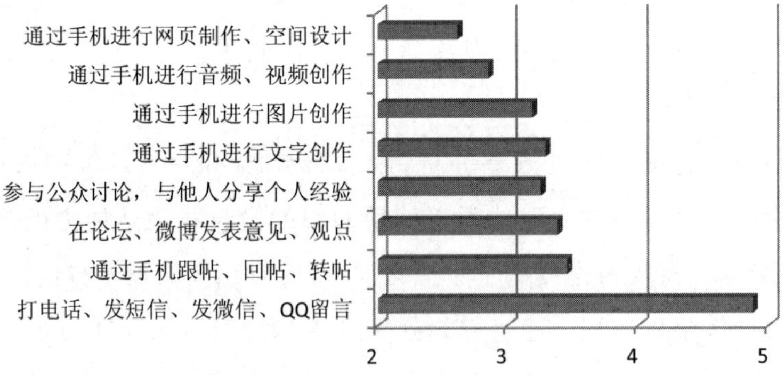

图1.10　高中生手机创作与表达行为

（二）手机创作与表达行为的影响因素

为寻求完善高中生手机创作与表达行为的途径，本书通过对手机创作与表达行为的影响因素进行分析发现，学校对手机的管理办法、个体对手机使用态度、社区手机知识传播对手机创作与表达行为均有显著影响。

1.学校的管理办法

通过方差分析（手机表达行为，$F=3.890$，$sig.=0.021<0.05$；手机创作行为，$F=3.242$，$sig.=0.039<0.05$）可知，学校对学生手机使用的管理办法对学生的手机创作与表达行为存在显著影响。学校对手机使用不加限制，可以随便使用手机的学生手机创作与表达行为更多，因此学校应该正面进行引导学生使用手机，而不应仅仅依靠明令禁止。

2.个体对手机使用态度

通过方差分析（手机表达行为，$F=35.371$，$sig.=0.000<0.05$；手机创作行为，$F=10.460$，$sig.=0.000<0.05$）可知，高中生的手机使用态度对手机创作与表达行为存在显著影响。持支持态度的学生的表达与创作行为最多，持反对意见的学生的表达与创作行为最少。

3.社区手机知识传播

通过方差分析（手机表达行为，$F=6.100$，$sig.=0.002<0.05$；手机创作行为，$F=28.203$，$sig.=0.000<0.05$）可知，是否参与过社区手机知识培训对手机的创作与表达行为存在显著影响。参加频率越高，手机创作与表达行为越多，没有参与过相关培训的学生，其创作与表达行为最少。社区手机知识培训为我们提供了一条培育手机文化的新途径。

三、对高中生手机创作与表达基本状况的分析

手机创作与表达行为是针对手机、互联网等新媒体的。考察受众

与媒介互动、参与媒介内容创作等方面的指标，是媒介素养教育研究的新领域。本书主要从认知和行为两个方面展开，认知主要包括对手机创作与表达行为的社会价值、重要性以及自我能力的认识，行为主要包括对手机应用方面的表达行为和创作行为的评估。上述研究有以下发现：

（一）高中生对于手机创作与表达的作用的认识较肤浅，表达不自信

研究结果显示，受访者对手机创作与表达对社会发展的作用的认识比较粗浅，对手机“有助于平等表达、自由交流”“有助于信息流动和意见形成”“有助于公众参与公共生活”三方面的社会价值有比较高的认同感，对于手机促进民主化进程、监督公共权力运行、提高民主意识等隐性方面发挥的作用认识程度不足。

其中，家庭经济状况、父母态度、学校管理办法以及学生本人态度对手机创作与表达行为的社会价值判断都具有显著影响。

对于个人综合表达能力的评估，从调查结果看，学生基本上能够认识到手机使用与表达的社会价值，但是对于自身通过手机进行表达与创作的能力却不够自信，整体水平偏低。其中，性别、家庭居住地、经济状况、个体态度、社区培训等指标对学生评估自己的综合表达能力都有显著影响。

（二）高中生手机创作与表达行为水平较低

从整体上看，高中生的手机创作与表达行为仍处于较低的水平，除了通过手机打电话、发短信、发微信、QQ留言等基本的人际表达行为之外，其余相关的行为如意见表达、多媒体创作等均未达到中等水平，而且，随着表达与创作行为难度的加大，相关活动的参与程度便随之降低。同时，在相关影响因素中，地区、学校对手机管理办法、个体对手机使用态度、社区手机知识传播对手机表达与创作行为均存在显著影响。

【本章小结】

本章对从全国 7 个地区 14 所中学回收的 1321 份《高中生手机媒介素养调查问卷》进行了统计分析与报告，首先说明了被调查高中生的社会人口特征，然后从我国高中生手机使用基本情况、手机理解基本情况和手机创作与表达基本情况三个方面总结了问卷调查结果，具体情况如下。

首先，高中生手机使用基本情况：

(1)我国高中生在手机使用方面呈现出普及程度高和使用强度低的状态；

(2)我国高中生在手机功能使用方面，工具性、娱乐性和社交性特点突出；

(3)我国高中生对自我手机操作技能呈乐观态势；

(4)我国高中生手机操纵技能方面隐含“知识沟”。

其次，高中生手机理解基本情况：

(1)我国高中生对手机有积极乐观的期待；

(2)我国高中生对于手机行业运作的相关理解差异较大；

(3)我国高中生对手机使用控制力较好，依赖情况不严重；

(4)我国高中生对手机使用风险和道德意识有初步认知。

最后，高中生手机创作与表达基本情况：

(1)我国高中生对手机创作与表达的作用认识较肤浅、表达不自信；

(2)我国高中生手机创作与表达行为水平较低。

第二章 高中生手机媒介素养指数建构及相关影响因素分析

第一节 高中生手机媒介素养指数建构

一、手机媒介素养指数建构办法

为能够整体描述我国高中生手机媒介素养状况，对比各地区之间的差异，分析对手机媒介素养产生影响的因素，在研究中，通过对各级指标的标准化处理，构建高中生手机媒介素养指数（以下简称 ML）。

（一）手机媒介素养指数构成

本书中高中生手机媒介素养的测量包括三个一级指标、七个二级指标、十五个三级指标（问卷设计时为十八个，因“不道德行为存在现状”为社会总体测量，并非个体测量，与其他指标有出入，故剔除；“手机影响的反思”实则并未测量，亦剔除；“手机社会功能”非程度性指标，纳入差异分析，但不纳入指数构建）。

(二)各级权重

各级指标的权重通过菲尔德方法，征求各方专家意见，汇总计算后获得，具体如表 2.1：

表 2.1　高中生手机媒介素养指数评估统计表

序号	专家姓名	手机使用	手机理解	手机创作与表达	手机使用		手机理解			手机创作与表达	
					使用行为	使用能力	认知能力	反思能力	道德意识	认识	行为
1	陈卫星	25	50	25	50	50	40	35	25	40	60
2	秦学智	20	60	20	30	70	20	40	40	70	30
3	藏海群	30	40	30	50	50	33	34	33	40	60
4	马宁	25	40	35	65	35	30	50	20	35	65
5	白传之	44	33	23	50	50	30	30	40	50	50
6	闫欢	30	30	40	40	60	30	30	40	50	50
7	李月莲	20	40	40	25	75	25	50	25	37.5	62.5
8	耿益群	25	25	50	25	75	35	20	45	75	25
平均值		27	40	33	42	58	30	36	34	50	50

汇总专家意见，计算平均值获得各级指标权重如下：

1. 一级指标

手机使用、手机理解、手机创作与表达，三者的权重分别为 27%、40%、33%。

2. 二级指标

手机使用中使用行为和使用能力二者的权重分别为 42%、58%；手机理解中认知能力、反思能力、道德意识三者的权重分别为 30%、36%、34%；手机创作与表达中对手机创作与表达的认识和行为二者权重分别为 50%、50%。

3. 三级指标

十五个三级指标之间权重均设定为 1:1。

(三)计算方法

将各级指标统一采用无量纲的标准化Z分数来进行计算，如有多个Z分数需要累加，则采取平均Z分数的统计方法，按照各级权重构建出每一个受访者的手机素养指数。

二、高中生手机媒介素养指数分析及研究发现

通过数据统计和指数建构，手机媒介素养指数(ML)由三个一级指标手机使用(MA)、手机理解(MU)、手机创作与表达(MC&E)按27%：40%：33%的权重构建而成，相关统计量如表2.2所示，具体情况如下：

表2.2 高中生手机媒介素养指数及二级指标统计量

		手机媒介素养指数(ML)	手机使用(MA)	手机理解(MU)	手机创作与表达(MC&E)
N	有效	1146	1146	1146	1146
	缺失	0	0	0	0
均值		0	0	0	0
中值		−0.0129	0.0353	0.0089	−0.0108
标准差		0.39346	0.67568	0.38125	0.55352
全距		3.06	4.2	3.01	3.77
极小值		−1.77	−2.07	−1.6	−2.3
极大值		1.29	2.13	1.41	1.47

从表2.2可见，高中生手机媒介素养指数(ML)均值为0，标准差近似为0.4，中值为−0.0129，这说明有50%的受访者ML指数低于−0.0129，也就是说大部分的受访者的ML指数低于平均水平。同时，均值为0，高于中值−0.0129，可见ML指数是一个有偏的分布，超过一半受访者的ML指数低于0，同时，也有一部分人的ML指数比较高，形成了两极分化的趋势。

从表 2.2 后三列可见，三个一级指标手机使用（MA）、手机理解（MU）、手机创作与表达（MC&E）的均值都为 0，标准差分别近似为 0.7、0.4、0.6。由此可见，受访者在手机使用方面的差异最大，其次是创作与表达方面，差异最小的是有关手机理解方面。同时，三个一级指标的中值分别为 0.0353、0.0089、−0.0108，除手机创作与表达中值小于均值 0 之外，其余两个指标均为正值，大于中值 0。可见，三个一级指标中，受访者在手机创作与表达（MC&E）方面总体水平偏低，大多数人的 MC&E 指数低于零，同时也可以看出，受访者在手机创作与表达方面差异比较大，呈现两极分化的趋势。另外，手机使用和手机理解，其中值大于均值 0，和手机创作与表达相比，受访者总体水平略高些，且彼此之间差异要小一些。未来在开展手机媒介素养教育时，提高创作与表达能力将是一项重要内容。

同时，高中生手机媒介素养指数（以下简称 ML）的中值为−0.0129，三个一级指标手机使用（MA）、手机理解（MU）、手机创作与表达（MC&E）的中值别为 0.0353、0.0089、−0.0108。其中 ML 为负值，在一级指标中，只有 MC&E 为负值，其余均为正值，可见，受访者在手机创作与表达方面的差异比较大，并对 ML 指数影响较大。

第二节　地区差异对 ML 的影响

问卷调查数据经过加权后，各地区调查人数所占比例基本上没有差异，详见表 1.1。通过数据分析发现：

一、我国各地区高中生之间手机媒介素养水平具有显著差异

从总体上看，通过方差分析，F＝8.284，sig.＝0.000＜0.05（如表 2.3），可知，我国各地区高中生手机媒介素养水平（ML）存在显著差异。

表 2.3 我国高中生手机媒介素养指数地区差异分析(ANOVA)

	平方和	Df	均方	F	显著性
组间	7.416	6	1.236	8.284	.000
组内	169.790	1138	.149		
总数	177.206	1144			

二、我国各地区之间差异分析

通过方差分析可得，我国各地区高中生 ML 之间存在显著差异，但差异存在于哪些地区之间，我们无法得知，这需要通过各地区之间多重比较来分析。

表 2.4 各地区手机媒介素养 ML 及一级指标均值(标准差)比较(one－way ANOVA)

	ML	手机使用	手机理解	手机创作与表达
全体	.0000 (.39346)	.0000 (.67568)	.0000 (.38125)	.0000 (.55352)
华东地区	－0.0624 (.36544)	－0.1419 (.64989)	0.0075 (.35091)	－0.0789 (.49941)
华南地区	0.1362 (.36441)	0.1817 (.67664)	0.0947 (.33311)	0.1453 (.56106)
华中地区	－0.0736 (.38544)	－0.113 (.65064)	－0.0159 (.36344)	－0.1090 (.52102)
华北地区	－0.0375 (.40447)	－0.0419 (.70076)	－0.0218 (.40144)	－0.0521 (.56768)
西北地区	0.1022 (.41832)	0.1656 (.67150)	0.0341 (.37992)	0.1294 (.58032)
西南地区	－0.0741 (.38076)	－0.086 (.68836)	－0.0731 (.42313)	－0.0637 (.53824)
东北地区	0.0062 (.38001)	0.0313 (.62050)	－0.0272 (.39321)	0.0257 (.55363)
F 值	8.284	6.359	3.233	5.782

如表2.4可见，从第二列各地区的手机媒介素养指数(ML)可见，华南地区、西北地区、东北地区ML指数为正值，大于均值0；其次是华北地区和华东地区，ML指数均值最小的为西南和华中；上述七个地区ML指数由高到低分别为：华南、西北、东北、华北、华东、西南和华中。通过均值进行比较仅仅是经验上的判断，不能作为结论。

由于ML指数有三个一级指标建构，从上一部分的分析可知，三个一级指标对ML影响程度也各不相同，因此再来观察一下各地区在三个一级指标方面的情况。通过表2.4可知，在手机使用(MA)方面，华南、西北、东北地区的均值为正值，大于整体均值0，其次是华北、西南、华中和华东地区；在手机理解(MU)方面，华南、西北、华东的均值为正值，大于整体均值0，华中、华北、西南、东北地区的均值都为负值，手机理解水平略低于华南、西北与华东地区；在手机创作与表达(MC&E)方面，华南、西北、东北地区的均值均为正值，大于整体均值0，华北、西南、华东、华中地区的均值为负值，在手机创作与表达方面的水平略低于华南、西北和东北地区。

从上述分析可见，各地区之间在ML指数和各一级指标之间均存在差异，其中华南和西北地区在手机媒介素养指数和手机使用、理解、创作与表达方面均处于较高的水平。而东北地区在ML方面处于中等水平，呈现出在手机使用和创作与表达方面水平略高，在手机理解方面水平略低的不均衡状态。还有华东地区，在ML方面处于中等水平，在手机使用和创作与表达方面水平略低，但在手机理解方面呈现出略高的水平。其余的华北、西南、华中三个地区在ML和各一级指标方面均呈现为较低的水平。

各地区在ML和各一级指标的均值为我们直观勾勒出各地区手机媒介素养水平的大致情况，各地区之间具体的差异要通过后面的各地区之间相互比较来进行分析。

各地区之间是否真的存在显著差异，要通过对七个地区的单因素方差分析(One-Way ANOVA)来进行，为比较简单清晰地报告相关研究

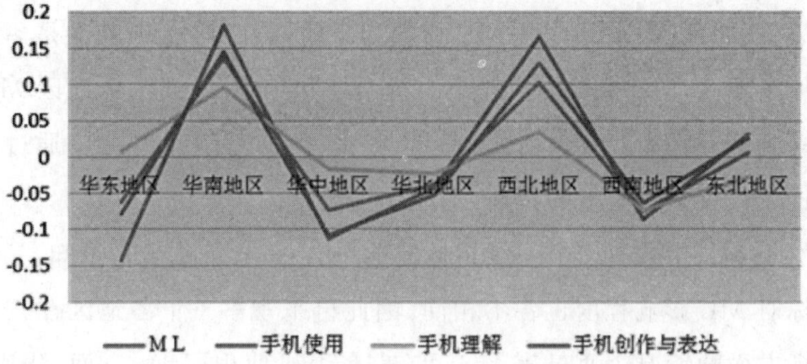

图 2.1 各地区高中生手机媒介素养各维度均值

结果，对 ML 以及其三个一级指标按照各地区的均值从高到低依次对比相互之间的差异，具体分析结果(见表 2.5)如下：

各地区之间 ML 的情况，从表 2.5 第一列可见，因华南与西北地区无显著差异，而西北与东北之间有显著差异，所以，我国各地区高中生手机媒介素养指数(ML)，华南与西北地区 ML 水平高于全国其他五个地区(东北、华北、华东、西南、华中)。同时，由于东北地区与均值最小的华中地区 ML 之间无显著差异，因此，其余东北、华北、华东、西南、华中五个地区之间水平相当，均没有显著差异。

ML 三个一级指标情况，从表 2.5 第二列可见，在手机使用(MA)方面，华南与东北、东北与华东地区之间存在显著差异，因此华南与西北地区学生的手机使用方面强于其他地区学生，东北地区次之，其他华北、西南、华中、华东四个地区水平相当，略低于前三个地区。

在手机理解(MU)方面，从表 2.5 第三列可见，排在第一位的华南与排在第二位的西北以及最后一位的东北之间均无显著差异，可见，七个地区之间手机理解方面无明显差异。在 ML 三个一级指标中，我国高中生在手机理解方面各地区之间最为接近，差异最小。

在手机创作与表达(MC&E)方面，从表 2.5 第四列可见，华南地区与西北、东北存在显著差异。而东北地区与均位低于它的华北、西南、华东地区之间无差异，只与华中之间有差异。可以判断出，在手机创作与表达方面，华南、西北、东北地区水平略高，华北、西南、华东、华中四个地区水平略低。

表 2.5　我国各地区高中生手机媒介素养指数差异

地区	ML	地区	MA	地区	MU	地区	MC&E
华南一西北	0.03396	华南一西北	0.1611	华南一西北	0.6065	华南一西北	0.01587
西北一东北	0.09595*	华南一东北	0.1504*	西北一华东	0.2661	西北一东北	0.10375
东北一华北	0.04379	东北一华北	0.7321	华东一华中	0.2333	东北一华北	0.07781
华北一华东	0.02483	华北一西南	0.4408	华中一华北	0.0594	华北一西南	0.01156
华东一西南	0.0117	西南一华中	0.2701	华北一西南	0.5126	西南一华东	0.0152
西南一华中	−0.00047	华中一华东	0.2893	西南一东北	−0.4586	华东一华中	0.03005
东北一华中	0.7986	东北一华东	0.17322*	西北一东北	−0.6128	东北一华中	0.13462*

*. 均值差的显著性水平为 0.05。

综上所述，在制定青少年手机媒介素养教育政策时，需要因地制宜、差别化开展，可以考虑在水平较高的地区试点，逐步推广经验；或者直接从水平较低的地方进行，以尽快弥补数字鸿沟。

第三节　学校相关因素对 ML 的影响

本书重点考察对象为高中生，学校作为学生学习、成长的重要环境，探究与其相关的显性因素，如年级、学习科类、学习成绩、是否担任职务、是否住宿、学生对学校教学理念的认知、学校对学生手机使用的管理办法、对学校的评价等，如何影响学生手机媒介素养（ML）和手机使用（MA）、手机理解（MU）、手机创作与表达（MC&E），从而为手机媒介素养教育在学校的开展提供相关参考性建议。

相关研究结果如下：

一、年级差异对 ML 无显著影响

问卷分别对高一、高二、高三学生进行调查（N＝1146），各年级人数分布情况：高一年级约占38%，高二年级约占40%，高三年级约占22%。

通过方差分析可见，各年级之间的 ML 指数并没有显著差异，也就是说年级对 ML 指数并没有显著影响。

其中，在手机使用方面，通过方差分析 F＝3.769，sig.＝0.023＜0.05，说明在手机使用方面各年级之间存在显著差异。从各年级均值可见，高二年级手机使用要多于高一和高三年级，其中高三年级使用情况最少，高三年级面临高考，学习时间紧，手机使用一定少于其他两个年级，问卷调查结果与我国高中教育实际情况相符合。

在手机理解方面，F＝0.623，sig.＝0.573＞0.05，说明在手机理解方面，各年级之间没有显著差异。

在手机创作与表达方面，F＝2.437，sig.＝0.088＞0.05，说明在手机创作与表达方面，各年级之间也没有显著差异。

综上所述，年级因素对高中生手机媒介素养指数 ML 和三个一级指标的影响，除不同年级学生在手机使用（MA）方面有差异，高三年级使用程度最低之外，对手机理解（MU）和手机创作与表达（MC&E）方面均没有显著影响。高中生处于15－18岁之间，每个年龄阶段心理、生理还是存在较大差异的，但在手机媒介素养水平方面却没有显著差异，由于没有正规教育对高中生进行手机、互联网等新媒体的使用引导，其使用与理解处于自发状态，因此年级之间没有显著差异。

二、学习科类对 ML 有显著影响

受访者中文科生440人，约占38%；理科生705人，约占62%。

通过独立样本 T 检验进行分析。由于方差不齐性，故 T＝5.460，

sig.＝0.000＜0.05，即不同科类受访者 ML 指数存在显著差异，其中文科学生 ML 高于理科学生。

通过方差分析，手机使用（F＝11.696，sig.＝0.001＜0.05）、手机理解（F＝14.792，sig.＝0.000＜0.05）、手机创作与表达（F＝22.388，sig.＝0.000＜0.05）三个一级指标在不同科类的学生之间均存在显著差异。从各年级均值可见，文科学生在三个方面的水平均高于理科学生。

三、学习成绩对 ML 无显著影响

在受访者中，学习成绩在班级前 1/3、中间 1/3 和后 1/3 的比例分别为：39％、40％、21％。

通过方差分析可见，F＝1.504，sig.＝0.223＞0.05，即学习成绩不同的受访者 ML 指数并没有显著差异，也就是说学习成绩对 ML 指数并没有显著影响。

通过方差分析可知，手机使用（F＝0.742，sig.＝0.476＞0.05）、手机理解（F＝2.351，sig.＝0.096＞0.05）、手机创作与表达（F＝1.069，sig.＝0.344＞0.05），学习成绩不同的学生在三个一级指标方面均无显著差异。

由此可见，学习成绩高低对高中生手机媒介素养指数及其三个一级指标均没有显著影响。

四、是否住校对 ML 存在显著影响

受访者中住校和走读比例为 58％：42％。

通过独立样本 T 检验，T＝2.200，sig.＝0.028＜0.05，可知住校和走读对 ML 指数有显著影响，住校学生 ML 高于走读学生。

通过方差分析可知，在手机使用（F＝4.690，sig.＝0.031＜0.05）、手机理解（F＝0623，sig.＝0.430＞0.05）、手机创作与表达（F＝3.448，sig.

＝0.064＞0.05)三个一级指标中，高中生住宿还是走读对手机使用方面有显著影响，住校学生手机使用明显多于走读学生，手机对于住校学生与父母沟通起到了桥梁的作用，而在手机理解和创作与表达这两个方面，住宿与走读的学生之间没有显著差异。

五、对学校办学理念的认知对 ML 有显著影响

根据目前中国中等教育情况，学校教学管理重点分为“素质教育”“唯分数论”和“素质教育和追求分数二者兼顾”。问卷调查结果显示，三者所占的比例分别为：30％、19％、51％，其中，学生认为自己的学校“既注重考试分数，又注重学生综合素质培养”的人数超过一半。

通过方差分析可知，F＝11.399，sig.＝0.000＜0.05，可知，被访者对学校性质的认知对 ML 指数有显著影响。

其中，在手机使用(F＝14.663，sig.＝0.000＜0.05)、手机理解(F＝0.050，sig.＝0.951＞0.05)、手机创作与表达(F＝12.127，sig.＝0.000＜0.05)三个一级指标中，对学校办学理念认知不同的学生，在手机使用和手机创作与表达方面存在显著差异，而在手机理解方面的差异不显著。

在手机使用和创作与表达方面的差异表现在，“唯分数论”的学校，学生手机使用和创作与表达方面要多于提倡“素质教育”的学校。学校高度重视分数，视考试分数为最重要的学生考核标准，学生在学校内比较压抑，学习压力大、生活相对单调，更多地选择通过其他途径来发泄情绪，因此可能对手机使用和表达的需求更多，依赖也更多。

六、学校手机管理办法对 ML 无显著影响

根据前期访谈结果，学校对手机的管理办法主要有“校园内禁止使用手机”“教室内禁止使用手机”“随便使用”三种类型，所占比例分别是40％、54％、6％，教室内禁止使用手机所占比例最高，随便使用的学校微

乎其微，仅有6%。

通过方差分析可知，F=0.353，sig.=0.703>0.05，可知，学校手机管理办法对ML指数并没有显著影响。

其中，对手机使用(F=0.230，sig.=0.794>0.05)、手机理解(F=2.918，sig.=0.054>0.05)、手机创作与表达(F=4.160，sig.=0.016<0.05)三个一级指标分析可知，学校对手机的管理办法不同对手机使用和理解方面没有显著影响，对手机创作与表达方面存在显著影响，对学生使用手机不加以限制的学校的学生，在手机创作与表达方面表现更加突出，在校园内严禁使用手机的学校的学生，在创作与表达方面表现比较差。

七、对学校的评价对ML有显著影响

通过受访者为学校评分(10分制)来了解学生对自己学校的满意程度，通过相关分析可知，ML指数与“为学校评分”存在显著相关，即“为学校评分”显著影响了ML指数，且这种相关为负相关，即给学校评分越高，ML指数越低。

表2.6　高中生为学校评分对ML影响

		高中生手机媒介素养指数
给学校评分	Pearson相关性	-.125**
	显著性(双侧)	.000
	N	1146

**. 在.01水平(双侧)上显著相关

第四节　家庭环境对ML的影响

对于成长中的高中生而言，家庭仍然是成长的重要环境，其中，无

论是家庭居住地、经济状况，还是与父母的关系以及父母对孩子手机使用的态度等，均会对高中生 ML 产生一定的影响，相关研究结果如下：

一、家庭居住地对 ML 存在显著影响

在调查问卷中，受访者家庭居住地分为农村、县级城市、地级城市和省会级城市，各部分比例分别为：12％、23％、29％、36％。

（一）总体情况

从总体上看，通过方差分析可知，F＝5.673，sig.＝0.001＜0.05，家庭居住地不同的受访者 ML 指数存在显著差异，也就是说家庭居住地对 ML 指数有显著影响。

从不同居住地高中生手机媒介素养指数的均值，我们可以初步判断出，ML 指数从高到低依次为：省会级城市、地级城市、县级城市和农村。因此，我们可知家庭居住地为农村的 ML 指数最低，家庭居住地为省会级城市的 ML 指数最高。

为了了解各居住地之间是否真的存在显著差异，通过继续对四级行政地区进行多重比较可知，农村地区高中生 ML 水平显著低于其他地方；县级城市与农村之间也存在显著差异，但是与地级城市和省会级城市并没有显著差异；同时，省会级城市与地级城市之间存在显著差异。因此，在省会级城市生活的高中生 ML 指数最高，地级和县级城市其次，在农村生活的学生 ML 指数最低。

表 2.7　我国高中生手机媒介素养指数居住地之间多重比较(LSD)

(I)家庭居住地		(J)家庭居住地		均值差(I-J)	标准误	显著性	95%置信区间	
							下限	上限
dimension2	农村	dimension3	县级城市	-.09572*	.04099	.020	-.1761	-.0153
			地级城市	-.09268*	.03962	.019	-.1704	-.0149
			省会级城市	-.15424*	.03838	.000	-.2295	-.0789
	县级城市	dimension3	农村	.09572*	.04099	.020	.0153	.1761
			地级城市	.00304	.03230	.925	-.0603	.0664
			省会级城市	-.05852	.03077	.057	-.1189	.0019
	地级城市	dimension3	农村	.09268*	.03962	.019	.0149	.1704
			县级城市	-.00304	.03230	.925	-.0664	.0603
	省会级城市	dimension3	农村	.15424*	.03838	.000	.0789	.2295
			地级城市	.06156*	.02892	.034	.0048	.1183

*.均值差的显著性水平为 0.05。

(二)家庭居住地对三个一级指标影响不一

在手机使用(F=6.944,sig.=0.000<0.05)、手机理解(F=1.119,sig.=0.340>0.05)、手机创作与表达(F=3.642,sig.=0.012<0.05)三个一级指标中,家庭居住地不同的学生,在手机使用方面有显著差异,从表 2.8 可知,其中省会级城市 ML 指数最高,地级与县级城市其次,农村学生 ML 指数最低。

在手机理解方面,省会级城市与农村、地级城市与农村之间均没有显著差异,即各级城市之间的差异不显著,基本处于一个水平线上。

在手机创作与表达方面,省会、地级与县级城市之间均无显著差异,均与农村之间存在显著差异,因此,省会、地级与县级城市高中生的手机创作与表达指数略高,农村生源指数最低。

表 2.8　高中生家庭居住地对手机媒介素养三个一级指标影响

家庭居住地	手机使用	手机理解	手机创作与表达
省会一地级	0.07878	0.04126	0.07039
地级一县级	0.05967	−0.00168	−0.05726
县级一农村	0.14807*	0.01113	0.15229*
地级一农村	0.20773*	0.00945	0.09503

*.均值差的显著性水平为0.05。

二、家庭经济状况对ML存在显著影响

在调查中，被调查者家庭经济情况分为很富裕、比较富裕、一般、比较贫困和非常贫困五个等级，各等级所占比例分别为：2.5%、16.3%、70.6%、4.1%、6.5%。

(一)总体情况

从总体上看，通过方差分析可知，F=15.698，sig.=0.000<0.05，即不同家庭经济状况的受访者的ML指数存在显著差异，也就是说家庭经济状况对ML指数有显著影响。

分别考察一下各经济水平家庭学生的ML指数，从均值和单因素方差分析可以看出这样一种趋势：家庭经济状况越好，ML指数越高。意外出现在“非常贫困”学生的ML指数高于“比较贫困”，且与“比较贫困”存在显著差异；“很富裕”的ML指数低于“比较富裕”，不过二者并无显著差异，不影响此种趋势。

(二)家庭经济状况对三个一级指标影响不一

其中，在三个一级指标方面，通过方差分析可见，在手机使用(F=20.984，sig.=0.000<0.05)、手机理解(F=5.313，sig.=0.000<0.05)、手机创作与表达(F=11.615，sig.=0.000<0.05)三个方面，家庭经济状况不同的学生之间均存在显著差异。

在手机使用方面，通过均值对比可知，“比较富裕”家庭学生的使用指数最高，其次是“很富裕”家庭，排在第三位的是“非常贫困”家庭，然后是“一般”家庭，指数最低的是“比较贫困”家庭。通过单因素方差分析，“比较富裕”家庭与“很富裕”家庭学生手机使用指数之间没有明显差异，同时，“很富裕”和“比较富裕”与“非常贫困”之间均没有明显差异；而“非常贫困”与“一般”和“比较贫困”之间存在显著差异。由此可见，在手机使用方面，家庭“富裕”与“非常贫困”学生的指数高于“一般”和“比较贫困”家庭的学生。

在手机理解方面，从各级经济状况的均值看，与手机使用方面差异有所区别，“非常贫困”学生理解指数最低，列最后一位。“很富裕”指数最高，“比较富裕”和“比较贫困”其次，然后是一般家庭学生。进一步通过单因素方差分析可知，“很富裕”家庭学生在手机理解方面与其他经济状况家庭学生之间均存在显著差异，而其他“比较富裕”“比较贫困”“一般”和“非常贫困”家庭学生之间的理解指数之间均不存在显著差异。由此可见，在手机理解方面，“很富裕”家庭学生的理解指数高于其他四级经济状况家庭的学生。

在手机创作与表达方面，从均值看，“比较富裕”和“非常贫困”均值最高，其次为“一般”家庭，最后是“很富裕”和“比较贫困”家庭。进一步通过单因素方差分析可知，“比较富裕”和“非常贫困”家庭的学生之间无显著差异，二者与其他经济条件家庭的学生之间均存在显著差异。由此可见，“比较富裕”和“比较贫困”家庭学生的手机创作与表达指数高于其他经济状况家庭的学生。

表 2.9　我国高中生家庭经济状况不同 ML 和各一级指标均值

家庭经济状况	ML	手机使用	手机理解	手机创作与表达
很富裕	0.146	0.2179	0.2841	−0.0848
比较富裕	0.1675	0.3105	0.0349	0.2047
一般	−0.0363	−0.0646	−0.0137	−0.0391
比较贫困	−0.214	−0.4949	0.0335	−0.2738
非常贫困	0.0513	0.148	−0.0673	0.1127

三、父母对子女手机使用态度对 ML 不存在显著影响

根据前期访谈结果，父母对高中生手机使用态度主要有三种类型，分别为“不允许使用手机”“允许使用，进行引导”“随便用，没有限制”，在受访者中，三种情况所占的比例分别为：6.8%、79%、14%，可见家长“允许使用，进行引导”的比例最高，占近 80%。

(一)总体情况

通过方差分析可知，F=2.826，sig.=0.060>0.05，父母对高中生手机使用态度对 ML 指数并没有显著影响。

(二)父母对子女手机使用态度对三个一级指标影响不一

通过方差分析可见，在手机使用(F=1.675，sig.=0.188>0.05)、手机理解(F=3.190，sig.=0.042<0.05)、手机创作与表达(F=4.390，sig.=0.013<0.05)三个方面，父母对子女手机使用态度对高中生手机使用方面没有显著影响，对于手机理解和创作与表达方面存在显著影响。

在手机理解方面，家长“允许使用，进行引导”的学生的理解指数高于“不允许使用手机”和“随便用，没有限制”的学生。

在手机创作与表达方面，“不允许使用手机”指数最高，其次为“允许使用，进行引导”，指数最低的为“随便用，没有限制”的学生。通过单因素方差分析可知，“不允许使用手机”与其他类别之间均存在显著差异，可见，家长“不允许使用手机”的高中生，其手机创作与表达指数最高，其他允许使用的学生指数略低。

表 2.10　父母对手机使用态度不同 ML 和各一级指标均值

父母对手机使用态度	ML	MA	MU	MC&E
不允许使用手机	.0868	.1254	−.0014	.1595
允许使用，进行引导	.0002	−.0153	.0125	−.0016
随便用，没有限制	−.0426	.0260	−.0696	−.0667

四、高中生为自己与父母关系评分对ML不存在显著影响

在调查中，调查受访者对自己与父亲、母亲的关系通过10分制打分，通过相关分析可知，ML指数与父母关系的相关系数均不显著，即高中生与父母的关系并不显著影响ML指数。

表2.11　高中生与父母关系评分与ML之间关系

与母亲的关系	Pearson 相关性	.002
	显著性(双侧)	.942
	N	1146
与父亲的关系	Pearson 相关性	−.005
	显著性(双侧)	.872
	N	1146

**.在.01水平(双侧)上显著相关。

第五节　个体因素对ML的影响

一、性别对ML没有显著影响

在被调查高中生中，男生占44%，女生占56%。

通过独立样本T检验，由于方差并不齐性，故T=−0.288，sig.=0.773>0.05，由此可知，不同性别的受访者的ML指数并没有显著差异，也就是说，从总体上看，性别对ML指数并没有显著影响。

但是，在三个一级指标上，男生和女生在手机使用和创作与表达方面有显著差异，在手机理解方面没有显著差异。通过均值比较，在手机使用方面，男生高于女生；在手机创作与表达方面，女生高于男生。

二、受访者对手机使用态度对ML有显著影响

在研究中，高中生受访者本人对于手机使用的态度，分为“支持、中立、反对”三类，调查结果显示，三者的比例分别为：47％、51％、2％。持中立态度者超过半数，持支持态度的略低于中立者，由此可见，虽然持反对意见的学生微乎其微，但是高中生本人对是否应该使用手机也心存顾虑，因此有超过半数的学生选择了“中立”，既不支持，也不反对。

（一）总体比较

通过方差分析可知，F＝38.760，sig.＝0.000＜0.05，被访者对高中生手机使用的态度对ML指数有显著影响。

通过持不同态度受访者的ML指数的均值和单因素方差分析可知，持支持态度的受访者ML指数最高，且与中立者和反对者均有显著差异，其中持中立态度者ML指数最低。

（二）高中生手机使用态度对三个一级指标均具有显著影响

通过方差分析可见，手机使用（F＝54.591，sig.＝0.000＜0.05）、手机理解（F＝6.934，sig.＝0.001＜0.05）、手机创作与表达（F＝33.257，sig.＝0.000＜0.05），由此可见，高中生手机使用态度对三个一级指标均具有显著影响。

在手机使用方面，持“支持”态度的高中生手机使用指数最高，“中立”其次，持“反对”意见的指数最低。通过单因素方差分析可知，“支持”者手机使用指数与“中立”和“反对”意见者之间存在显著差异，而持“中立”与“反对”意见的学生之间没有显著差异。因此，在手机使用方面，持“支持”态度者的手机使用指数高于“中立”和“反对”意见者。

在手机理解方面，持“反对”高中生使用手机态度的学生，手机理解指数最高，持“支持”手机使用意见者次之，“中立”者手机理解指数最低。通

过单因素方差分析可知，持“反对”意见的高中生与“支持”和“中立”者在手机理解方面存在显著差异，而“支持”与“中立”者之间没有显著差异。因此，在手机理解方面，持“反对”高中生使用手机态度的学生手机理解指数高于持“支持”和“中立”意见的学生。

在手机创作与表达方面，持“支持”态度的高中生在手机创作与表达方面指数最高，“中立”其次，持“反对”意见的指数最低。通过单因素方差分析可知，“支持”者手机使用指数与“中立”和“反对”意见者之间存在显著差异，而持“中立”与“反对”意见的学生之间没有显著差异。因此，在手机创作与表达方面，“支持”高中生使用手机的学生手机创作与表达指数高于“中立”和“反对”意见者。

第六节　社区因素对ML的影响

为考察社区手机知识传播对 ML 的影响，将受访者按相关知识程度不同，分为“经常、偶尔、没有”三种情况，三者在受访者中的比例分别为：6％、26％、68％，可见我国社区在有关手机知识传播方面还是比较薄弱的，近 70％的高中生从未参与过相关培训或学习，只有约 30％的高中生参与过不同程度的学习或培训。本书发现，社区手机知识传播程度对 ML 存在显著影响。

一、总体比较

通过方差分析可知，$F=21.298$，$sig.=0.000<0.05$，社区手机知识传播对 ML 指数有显著影响。

通过均值对比和单因素方差分析可知，“经常”参与手机知识学习的受访者的 ML 指数与“偶尔”参与和“从没有”参与的受访者之间均存在显著差异，其中在社区有关手机知识传播中学习越多的受访者，ML 指数越高。

二、社区手机知识传播程度对三个一级指标均具有显著影响

通过方差分析可见，手机使用（F＝15.688，sig.＝0.000＜0.05）、手机理解（F＝5.329，sig.＝0.005＜0.05）、手机创作与表达（F＝15.804，sig.＝0.000＜0.05），由此可见，高中生在社区手机知识传播中获得的手机知识对其手机使用、手机理解和手机创作与表达三个方面指数均具有显著影响。

通过均值对比和单因素方差分析可知，在三个一级指标中，均表现为在社区手机知识传播中了解手机方面知识的频度越高，相对应的指数越高。也就是说，“经常”能在社区学习到手机方面知识的学生在手机使用、手机理解、手机创作与表达方面指数均高于“偶尔”学习者，同时“偶尔”学习者也高于“没有”学习者，且彼此之间均具有显著差异。由此可见，社区手机知识传播对于提高高中生手机媒介素养指数有很好的帮助。

在所有提高手机认知的方式中，在人际学习方面，“同学之间相互学习”是高中生最喜欢的一种方式，在受访者中，有48％的同学倾向于选择同学之间的相互学习来提高对手机的认知，而与之形成鲜明对比的“家长指导”方式仅有22％的同学喜欢。

【本章小结】

本章通过对受访者手机媒介素养指数的构建，比较直观地分析出我国高中生手机媒介素养指数ML在各地区上的不同特点和差异，并对学校、家庭、社会和高中生个体差异等与高中生ML指数密切相关的影响因素，对高中生ML以及三个一级指标手机使用（MA）、手机理解（MU）、手机创作与表达（MC&E）的影响程度逐一进行对比和分析，研究结果如下：

一、我国各地区高中生手机媒介素养指数之间存在显著差异，地区之

间发展不均衡。

二、学校相关因素对 ML 影响不一。

三、家庭居住地、家庭经济状况对 ML 影响显著；父母态度及与子女关系对 ML 不存在显著影响。

四、个体因素中性别对 ML 无显著影响；个体对高中生使用手机态度对 ML 有显著影响。

五、社区手机知识传播程度对 ML 具有显著影响。

第三章　高中生手机社交媒体素养研究

第一节　研究说明

目前，手机已经成为人们访问社交网站的主要设备，90.1%的用户会用手机访问社交网站[①]。移动互联网的发展使得手机社交服务比搜索引擎更加受欢迎，社交化将成为手机媒体发展的大趋势。手机的普及和移动通信技术的发展，对社交类应用迅速增长起到了关键性作用，手机互联网信息交互的及时性、移动性，可以让用户随时随地对信息做出反应、进行互动，促进社交类应用的发展。总之，智能手机的普及促进了社交媒体快速发展，社交化将是未来手机媒体的重要特征。

一、社交媒体

对于社交媒体的定义，存在着多种表述方式，百度百科中的定义为：社交媒体（Social Media）是指允许人们撰写、分享、评价、讨论、相互沟通的网站和技术，是彼此之间用来分享意见、见解、经验和观点的工具和平台，人数众多和自

① 中国互联网信息研究中心．2014 年中国社交类应用用户行为研究[R/OL]．[2014－08－22]．http://www.cnnic.net.cn/hlwfzyj/hlwxzbg/201408/P0201408.2379356612744.pdf.

发传播是构成社交媒体的两大要素。传播学者安德烈·开普勒(Andreas Kaplan)和迈克尔·亨莱因(Michael Haenlein)对社交媒体(social media)所下的定义是:一系列建立在Web2.0技术和意识形态基础上的网络应用,它允许用户自己生产内容(UGC)的创造和交流[①]。

目前应用社交媒体技术模型提供服务的网站很多,从广义上来讲,凡是能够为用户提供创造信息和沟通交流的平台都属于社交媒体。按照其属性的不同,还可以进行细分,参考奥美公司绘制的中国社交媒体生态图谱,大致上分为五类:第一类为创作发表型,例如博客(Blog)、论坛(Message Boards)、微博(Micro-blog)等;第二类为资源共享型,例如照片分享网站(Photo Sharing)、视频分享网站(Video Sharing)、音乐分享网站(Online Music)、评论网(Review)等,它们是内容共享型社交媒体的典型代表;第三类是协同编辑型,包括维基(Wikipedia)以及社交型问答网站(Q&A);第四类是社交服务型,如社交网络(SNS)、Check-in、即时通信(Instant Message)、Mobil Chat等;第五类是C2C(Consumer to Consumer) 商务型,代表网站有淘宝网(Online Trade)和团购网站(Deal-of-the-day)。

本书提及的"社交网站",参考中国互联网络信息中心(CNNIC)《2014年中国社交类应用用户行为研究报告》,是指狭义社交网站概念,即与Facebook形态和功能类似、基于用户线下社交关系而诞生、旨在为用户提供一个沟通交流平台的社交网站。在中国这类网站主要包括QQ空间、朋友网、人人网、开心网、豆瓣网等。

二、研究说明

(一)后续跟踪

本书于2012年10月开始确定研究思路与框架,当时手机社交媒体

① KAPLAN A M, HAENLEIN M. Users of the world, unite! The challenges and opportunities of Social Media[J]. Business Horizons, 2010, 53(1): 59-68.

发展态势尚不清晰。近两年，在智能手机和移动互联网的推动下，手机成为社交媒体主要使用平台，社交媒体在手机等移动终端的推动下，获得了爆发式增长。为丰富研究内容，本书将对高中生手机社交媒体素养现状进行研究，用以充实研究成果。

截至2014年6月，我国博客和个人空间用户规模为4.44亿，较2013年年底增加772万，增长率为1.8%。网民中的使用率为70.3%，比2013年年底略低。其中，博客的使用率为19.3%，用户规模为1.22亿；个人空间的使用率为65.1%，用户规模为4.11亿。作为一个内容发布平台，博客的内容相对较长且缺乏与用户的互动，不能满足人们随时随地关注、发布信息的需求，逐渐被其他社交应用的功能所替代，在竞争中逐渐转变为小众化应用，如今博客的发展呈精英化、专业化的特点；个人空间的发展则恰恰相反，它保持与用户共同成长的产品创新能力，集合了当下流行的社交产品的多种功能，完成了向社交类应用的转型，满足了用户的社交需求，用户规模和使用率一直保持在较高水平。因此，本书将以QQ空间为代表，对高中生基于社交媒体的手机媒介素养进行进一步研究。

(二)样本选择

从上述有关社交媒体的论述可见，社交媒体作为一个集合性概念，涵盖的范围和种类非常庞杂，考虑研究的可操作性和研究问题的深入性，本部分采取立意抽样方法(立意抽样，就是指调查人员根据判断从总体中选出那些最能代表总体的个体样本，所依据的主要是个人的主观经验，使用的抽样方法可以获得具有较高代表性的样本)，将QQ空间作为社交媒体的代表展开调查。主要原因如下：

1. 根据中国互联网络信息中心(CNNIC)《2014年中国社交类应用用户行为研究报告》，中国社交网站整体用户覆盖率为61.7%，这主要得益于QQ空间的高覆盖。过去半年使用过QQ空间的用户比例为57.3%，遥遥领先于其他社交网站；其次为人人网，过去半年使用过的用户比例为16.4%；朋友网、开心网、豆瓣网覆盖率分别位列第三、四、五位。从用户经常访问的社交网站类型来看，QQ 空间一枝独秀，54％的网民经常访问 QQ 空间，其他社交网站用户的忠诚度则相对较低。

2. 根据前期调查数据可知，QQ 空间也是高中生群体中覆盖最广泛的社交媒体，本书前期问卷调查结果显示，有超过 94％的高中生都在使用 QQ，在各类手机应用中居首位。其中 QQ 即时通信、QQ 空间等都是高中生常用的功能，因使用受众多，历史长，用户体验丰富，更加方便也更能够考察出高中生在社交媒体方面的技能和素质。

（三）研究内容

本部分通过对受访者随机抽样，确定将 30 位 QQ 用户作为研究对象，通过参与式观察和内容分析方法，对上述 30 位用户的 QQ 空间个人资料以及动态发布情况进行观察研究，选取在 2014 年 10 月 1 日—10 月 15 日总计 15 天时间里，上述 30 位用户 QQ 空间发布的动态，分别对动态类型、形式、来源、内容以及与好友的互动进行内容分析，描述受访者 QQ 空间使用状态。确定上述研究时间是基于高中生手机社交媒体使用受上学时间影响明显特点，由于国庆节假期，11 日（星期六）上课，因此 1－7日、12 日（8 天）为休息日；8－11 日和 13－15 日（7 天）为上课日，确保本书中包含“上课”和“休息”两种状态。最后，本部分共收集到 256 条空间动态。

同时，根据用户 QQ 空间中的个人资料，如 Q 龄、说说数量、日志数量、照片数量、空间浏览量以及时间轴等信息，将研究对象分为活跃用户与非活跃用户，从活跃用户和非活跃用户中各选取 5 名同学，进行结构式电话访谈，获得所需资料。最后将内容分析、参与式观察以及电话访谈内容进行整理，得到此部分研究所需资料。

（四）研究框架

研究采用与前面手机媒介素养一致的研究框架，从手机社交媒体使用、理解和创作与表达三个方面，分别调查研究目前高中生在手机社交媒体方面的素养。“手机社交媒体的使用”包含使用行为和使用能力，“手机社交媒体的理解”包含认知、反思、道德意识和安全意识，“手机社交媒体的创作与表达”包含认知和行为两个部分。

三、QQ空间

(一)概念阐释

QQ空间(Qzone)是一个具有博客功能的个性空间，是腾讯公司于2005年开发创办的。自诞生以来，受到广大用户的喜爱，人们可以通过听音乐、写心情、上传图片、写日记等多种途径来展示自己，与朋友进行互动交流。

(二)QQ空间内容模块

QQ空间内容模块包括：个人资料、日志、说说、照片、时光轴、音乐、留言板、视频、QQ日历、QQ情侣、文件夹、礼物、网页游戏和应用等。

第二节　手机社交媒体的使用情况

根据研究框架，手机社交媒体包含社交媒体的使用、对社交媒体的理解和社交媒体中的创作与表达三个部分。

其中，“手机社交媒体的使用”包含社交媒体的使用行为和社交媒体的使用能力两个部分。

一、手机社交媒体的使用行为

通过对QQ空间观察、内容分析以及访谈了解到，目前受访对象近

100%都是通过手机使用社交媒体，平时使用 PC 机时间较少，偶尔使用也很少用电脑登录社交媒体，社交媒体基本都通过手机使用。

在使用频度方面，几乎所有的受访学生都是每天登录 QQ 空间，浏览好友动态。虽然使用时间和强度略有不同，但都会选择放学后、学习间隙不约而同地拿起手机在 QQ 空间中关注一下好友、发表一下说说、分享一下链接等。在使用时间方面，高中生学习任务重、压力大，白天都在上课，晚上还有作业，因此受访者每天手机上网时间不长，平均约 80 分钟，其中 66%左右的时间都在使用社交媒体，社交媒体在高中生网络使用中占据重要的位置。

在使用时间上，85%左右的同学都是在晚上放学后才能使用，时间大多集中在 20—24 点，其中 22—24 点之间更多，印证了“学习累了之后，会习惯性玩一玩手机放松一下”“无论多晚，睡觉前我都会拿着手机玩一下社交媒体”“因为玩手机，减少了我的睡眠时间”等高中生的生活写照。

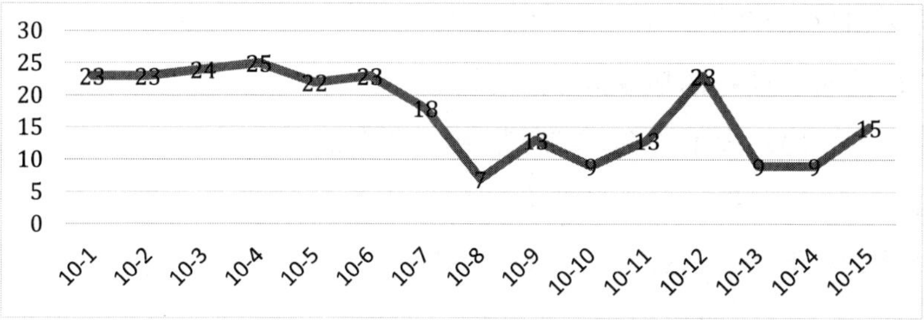

图 3.1　高中生 QQ 空间动态发布时间分布图

在日期分布方面，呈现出上课日和休息日两种格局，两者呈现出比较明显的差异，从图 3.1 可见，1—7 日和 12 日为休息日，空间动态发布数量明显多于上课日(8—11 日和 13—15 日)。同时，空间中评论以及点赞情况也呈现相同趋势，从图 3.2 可见，休息日点赞和评论数量也要多于平时上课日，其中点赞情况二者比较接近。在访谈中了解到，每天登录 QQ 空间看一下好友的动态，已经成为生活常态，但是否参与转发、评论或点赞则视个人时间和话题的兴趣度来定。点赞不需要投入太多的时间和精力，一般看过都会随手点一下，因此点赞人数在休息日和上课日之间区别不大，这也从一个侧面反映出QQ空间中同学是“看”的人多，“参与”的人少。

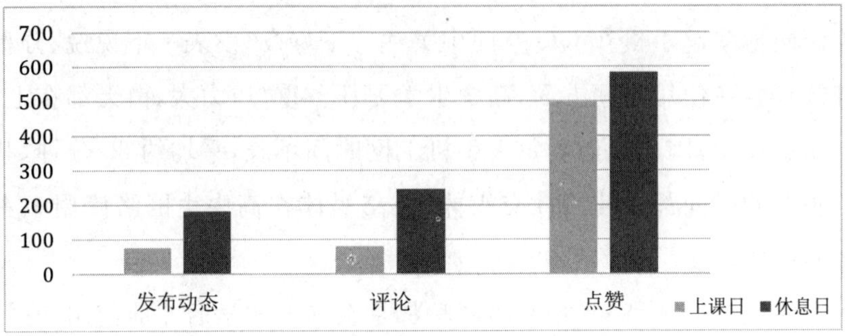

图3.2　上课日与休息日QQ空间发布动态、评论及点赞情况对比

在使用功能方面，同学们最常用的是QQ空间中的说说、照片、日志、音乐功能，同时几乎所有的受访者都会做的一件事情是：通过QQ空间查看同学、朋友的动态。对于空间中的应用软件，使用者非常少。其中，说说是最受同学青睐的版块，三言两语、几张图片抒发心情、记录生活，30位受访者平均发表了1073条说说，其中发表最多者则有9788条，最少的仅有10条，使用程度上差异较大。在10月1日—15日观察期内，总计发表说说245条，占动态发布总量的96％。对于照片版块，同学们热情也比较高，将QQ空间作为记录生活的时间轴。30位受访者平均上传413张照片，其中最多的学生有4659张，最少的仅有2张。在10月1—15日观察期内，总计发布照片10次，占动态发布总量的4％。在日志方面，发表数量远远小于说说，由于日志是长篇论述，需要使用者投入更多的热情和精力，受访者分别谈到“没时间写、没什么可写的、还有将自己原创的内容发表在微博或豆瓣等其他社交媒体上了”等原因，总之，日志的发表数量远远低于说说，30位受访者平均发表了64条日志，其中最多的发表了634条，最少的为0条。

二、手机社交媒体的使用能力

在操作技术方面，同学们对 QQ 空间中的版块设置和各项功能都比较熟悉，除了自己常用的功能之外，对于空间中新增的功能也能够随时了解，根据自己的需求选择是否开通和使用。从整体上，受访者对于自身使用空间的能力还是比较自信的，但对于是否能够快速有效地在空间中捕捉到有效信息，受访者略显信心不足。在陈述理由时，一部分同学认为空间中有用信息太多，所以难于找到；另有同学认为，空间信息太多、太乱，走马观花难于发现有价值的信息。指导学生通过信息源、信息表现形式技能快速分解、整合信息，训练学生在多信息环境中快速捕捉信息，将能够提高学生在信息繁杂、多任务环境中的应对能力。

第三节　手机社交媒体的认知和理解

对手机社交媒体的认知和理解包含对社交媒体的认知、自我使用的反思以及道德和安全意识等，探究这一问题能够为正确对待手机社交媒体做好理论准备。

一、对手机社交媒体的认知

对于社交媒体，高中生受访者目前最常用的是 QQ 空间、微博、微信、贴吧、淘宝、Google 朋友圈等。在访谈中，有 6 位访谈者认为 QQ 空间中朋友太多，结构比较复杂，虽然说说、日志、照片等动态更新速度快、信息较多，但是大部分都是生活琐事、抒发情感、发牢骚等，对于积累经验阅历、扩大知识储备、开阔视野等有利于自我发展、自我成长的信息较少。同时，使用经验告诉他们，微博是以兴趣点、关注领域为聚合方式的，由自己选择关注对象，相比之下有思想、有意义的信息较多，自己的想法、需要表达的观点也更倾向于在微博上发布。而QQ是以现实生活中的同学、朋友为纽带，某些真实的想法也不想让身边的人知道。所以，同学、朋友发布的动态也是要经过“自我包装”，选择想对大家表达的意见或看法以及想让大家知道的事情在空间上“晒”出来。因此，讲出来的未必是全部真实的想法，也未必全部是事实。可见，高中生受访者在社交媒体应用方面，基于个人经验和体会，具有初步的思考力和判断力。

对于使用QQ空间的目的和作用，同学们都认同通过空间与朋友联络感情、抒发情感、关注同学朋友动态、打发时间的目的，但对于获取知识方面，大部分同学都没有希望通过QQ空间来获取知识，受访者认为，空间表面热闹、繁荣，但是有价值、有意义的信息不多。只有一名受访者认为在空间中可以获取知识，因为在他的朋友中有模拟联合国、校外社团组织、全国比赛中结识的朋友，他们在QQ空间中分享新闻、经济、政治、热点评论等内容，对其了解社会现象、扩展视野、提高知识储备有一定的作用，身边的同学、朋友发表的动态中能够增长知识的内容不多。这方面的认知与QQ空间社交平台用于人际交往和休闲娱乐的作用相符合。

在发布的内容方面，经过对搜集到的256条动态进行内容分析发现，高中生发布的动态中，大约有40%由发布者原创，其余60%为转载。内容形式以纯文字和文字配图片居多，分别为43%和40%，单纯发布图片约占16%，其他视频和音频形式所占比例非常低。内容则以抒发心情(35%)、生活纪实(32%)和娱乐休闲(30%)类占多数，学习励志、新闻资讯类信息寥寥无几。

其中，抒发心情类动态容易引起同学的共鸣，点赞、评论与转发人数多。如：

> 这世界是你的遗嘱，而我是唯一的遗物。(14赞)
>
> 当时感觉离不开的人最后都离开了。(6赞2评论27转发)
>
> 每每看到有人吵架有人哭，总会想是有什么过不去的坎，有什么可想不开的，不要变得越来越偏激，要拿自己的情绪作武

器.让旁人看笑话,没人会真的可怜你,因为在这个世上只有自己关心自己才是真理。(36 赞 2 评论)

你知道吗,我们肉眼能看到的最远的星星在两千六百光年以外,也就是说你现在看到的星星,只是两千六百年前的它。你问我知道这些有什么意义,想想吧,你无论多么痛苦多么挣扎的一生,也只不过是这些星光在奔向你的时间里,一个轻轻的眨眼瞬间。(60 赞 15 转发)

他只是被命运安排寄存在你那,到期就收回。你没有失去,因为从未得到。(59 赞 8 转发)

大概是又有了别人来陪伴你,所以我就这样悄悄退场也没有关系。(22 赞 2 评论 2 转发)

黑了倦眼都側耳傾聽,讓我做只路過蜻蜓,留下能被懷念過程,虛耗著我這便宜生命。(31 赞 3 评论)

所以我们别假装痛苦了,时间已经不早了。(57 赞 4 评论 6 转发)

在评论里留下你的名字,我就回复你你在我心中的位置。不是想大张旗鼓叫嚣着告诉你我有多爱你,只是怕你担心我的心里没有你。(56 赞 36 评论 7 转发)

爱玲说六百分的艺考生才是值钱的,而我不想一文不名。(61 赞 4 评论 6 转发)

昨天不重要,今天不重要,明天跟每一天比,也不重要。(59 赞 3 评论)

我的世界,不需要太多人懂。(60 赞 7 评论)

生活纪实类:学习、活动、旅游在网上与朋友分享,因为原创所以受追捧。

学校活动

取名“血萌男模团”的一组男同学照片(111 赞 19 评 14 转发)

运动会：于我，尽力，无愧。我们，一起，同在。你们，明年，更棒！

（76 赞 12 评论 1 转发）

祝贺生日

取名“23:58 再给我两分钟”配图 *** 生日快乐！（61 赞 2 评论）

我亲爱的，今天你过生日。不知不觉，这已是我们相伴走过的第六个年头。

（104 赞 5 评论 1 转发）

个人经历

亲们，7 月 18 号（本周五）21:55 河南卫视《汉字英雄》有 ** 参赛，希望大家多多捧场。谢谢！（485 赞 44 评论 50 转发）

在访谈中，回答 QQ 空间中分享和转发消息的依据时，大多数同学都选择了视角独特、新奇有趣为首选标准，对于满足学习或生活需要、励志美文等选择的人数不多，还有受访者谈到“那样有些太酸了吧”。

通过对空间动态的内容分析和对发布者的访谈发现，高中生 QQ 空间内容以抒发个人情感、记录点滴生活和休闲娱乐为主，励志、学习、新闻、资讯类信息不足，以猎奇、调侃、搞怪、追新、求特为主要价值判断标准，对于扩大知识储备、扩展视野、观察社会、积累经验等正面信息比较缺乏。因此，这一现象需要引起教育部门、学校、家长的注意，QQ 空间作为高中生独立撰写、相互分享、交流思想的虚拟空间，是一个自由、平等、独立的精神家园，其中分享的内容与思想需要教育部门、老师、长辈加以关注，并进行相应的引导，发挥其思想教育、促进成长的作用。

同时，对于 QQ 空间的内容、作用，同学们有一定的认知，但由于受到 QQ 好友，也就是现实生活中朋友圈和自身阅历的限制，在信息接收和发布内容上缺乏多元性、内容较为单一且同质性强。同时，在内容原创、分享、转发方面，还是以猎奇心理居多，乐于转发视角独特、新奇有趣的内容，对于有思想、有见解、有价值，能够提升高中生文化修养、有助于生活学习的内容转发偏少。在这方面，还需要进行引导，发挥社交媒体平台在学生思想、文化教育方面的作用。

二、手机社交媒体使用中的反思能力

对于使用QQ空间的行为控制，85％以上的受访学生在使用过程中都有意识去控制空间使用时间，效果较好，偶尔会超时。高中生在这方面的能力强于大学生，迫于学习和升学压力，高中生每天需要定量完成学习任务，可自由支配时间少，因此在使用社交媒体中行为控制能力较强。在社交媒体依赖方面测量结果显示，受访学生对于11个测量指标平均得分为2.95，整体上略低于平均水平，尚不构成对社交媒体的依赖。但是研究中也发现，高中生个体之间存在一定差异，个别同学依赖程度较深，需要加以引导，因此对于手机社交媒体使用行为的控制依然是中学生手机媒介素养教育的重要内容。

同时，还发现一个现象，在活跃用户与非活跃用户之间，对手机社交媒体依赖程度方面并不存在差异，也就是说并不是活跃用户就一定依赖程度高，非活跃用户就一定依赖程度低。在访谈中了解到，用户如果具有较强目标性和自我管控能力，就能够有效管理时间、达成目标、高效率地整合社交媒体平台和现实生活资源，积累社会资本，为自我发展服务，并不一定因为社交媒体使用强度大，就必然导致行为依赖。可见，指导学生正确认识社交媒体、建立健康媒介使用观，发挥个体在媒体使用过程中的主体性和能动性，能够在一定程度上减少社交媒体依赖行为的发生。

有关使用中的风险问题，受访学生还是具有一定风险意识的。对于QQ空间“个人资料”中的信息，大部分同学都是采取部分真实信息披露的方式，隐匿或杜撰一些重要信息，如地点、性别等，而且大部分同学也会为空间设置访问权限，QQ空间仅对好友开放等。同时，在QQ中结识新朋友非常方便，但几乎所有的受访者都选择不加陌生人。由此可见，目前高中生在社交媒体中，对于隐私保护、谨慎加友等方面具有防范风险的意识，在一定程度上降低了色情信息、诈骗、人身安全等方面的风险。

三、手机社交媒体使用中的道德意识

由于高中生的QQ好友以同学、朋友和生活中熟悉的人为主，因此不良信息的存在程度比较低，受访者都表示，非常偶然才能碰到一次，多数因为某位同学的QQ号码被盗用。对于偶尔碰到的不良信息，基本都采取不加理会的方式，个别情况有人会进行“举报”，如果其坚持发送，会主动将其加入“黑名单”不再关注他的动态，“通过添加评论的方式进行批评”的案例还是非常少的，也几乎没有人会选择通过法律手段进行处理。

高中生群体在QQ空间中能够做到不制造、不转发不良信息，但对于不道德行为的处理办法还是比较消极的，相关方面的意识和手段还需要逐步提高。

第四节　手机社交媒体的创作与表达素养

手机社交媒体的创作与表达包含对社交媒体中创作与表达的认知和现实创作与表达行为两个部分。

一、对手机社交媒体创作与表达的认知

受访者对于QQ空间在联络朋友感情、感悟点滴生活方面的作用是有共识的，但对于其在知识储备、增长阅历方面的作用，体验有所不同。虽然对于在空间中进行内容的创作、转发、分享和表达，展示个性、抒发情感、记录喜怒哀乐，大部分同学还是比较愿意的，一般会通过图片、照片、

文字、音乐去创作和表达，积累了比较丰富的经验，也具有自己的价值与作用判断，但其中也有受访者会顾虑周围同学的看法和感受，而选择不在空间中表现与表达真实的自我。在谈论空间中信息是否真实可信时，受访者各持己见，普遍认为信息的真实程度不高，对于是否真实要根据信息本身进行确定。如同学发布生活情境，事情本身应该是真实的，但是对方表达的感受未必是真实的，对方选择发布的应该是其希望与大家分享的感受，不能也不可能是全部真实的感受。如果对于娱乐消息，多半都是不真实的；对于新闻事件，需要到权威机构去确认事件是否真实；一般生活信息，则根据自身的经验和阅历作出判断。这几个方面的分析，综合受访者中比较有见地的回答，从一个侧面反映出，高中生对于社交媒体平台在信息传播方面的价值具有一定的判断力，不是不加思考地全盘接受，但个体之间差异比较大，认识水平高低不同，需要在不同层面上加以引导。

二、手机社交媒体创作与表达的行为

学生通过发表说说、日志、照片以及转发、评论等方式，扩大自己的影响力、参与互动讨论，并不断地影响他人。在表达过程中，多以文字、图片方式为主，或二者相结合，对于视频、音频的创作和加工进行表达比较少见，对于 QQ 空间所提供的网页制作、空间设计等软件不常用。但是每一个用户都会对自己的空间进行装饰、布置以彰显个性，同时对于转发和分享的内容依据自己的兴趣和爱好而行，因此，通过浏览某位同学的 QQ 空间可以大概勾勒出其兴趣、爱好方面的特点，以及社交媒体的运用能力。整体来说，高中生在社交媒体的创作与表达方面，呈现不均衡的现状，地区之间、学校之间、个体之间都存在较大的差异。在本次调查的 30 位同学中，仅有 6 位同学在 QQ 空间中比较活跃，在观察的 15 天内，总计发布 211 条动态，占总发布量的 79%，还有 13 位同学也发布了动态，占总发布量的 21%，其余的 11 位同学在此期间都没有发布动态。如果对活跃用户和非活跃用户的 QQ 空间进行观察，从时间轴选项中可以整体了解被观察个体的空间参与程度，很容易就能发现，个体的参与程度是有较大差异的，个体发布信息的受关注程度也呈现出不均衡的状态，表达、参与意识的培养需要在体验中不断地加强。

【本章小结】

手机已经成为高中生访问社交媒体的首选设备，移动社交将成为未来手机媒体发展的趋势。本章通过参与式观察、内容分析和访谈法，以QQ空间为切入点，对高中生手机社交媒体素养进行研究。

经研究发现，在手机社交媒体的使用方面，高中生通过手机使用社交媒体已经常态化，几乎所有人都在使用，呈现出使用人数多、使用频率高，但使用强度不高的状态。使用时间受上课、学习时间影响显著。其中，比较重要的特点是，发布的信息中原创比例不高，约占40％左右，以浏览和关注同学、朋友的动态为主。高中生对社交媒体的基本功能、板块都熟悉，并能够比较自如地使用，对自己的使用能力比较自信。

高中生基于个人的使用经验和体会，对社交媒体的类型有一定程度的判断，对使用QQ空间、微博或朋友圈等常用社交媒体，实现不同信息的交流与互动具有初步的思考力和判断力：QQ空间是学生联络朋友感情、抒发情感的网络空间，微博更适用于扩展视野、获得新鲜有见解的资讯，在开阔视野、提高认识方面要强于QQ空间。基于上述认知，研究中观察到，QQ空间发布的内容以生活、心情、娱乐类居多，同时原创的生活、心情类内容容易引起好友共鸣，点赞、评论和转发人数较多。

研究中还发现，高中生在QQ空间中分享故事、发表生活感悟，以猎奇、调侃、搞怪、追新、求特为主要价值判断标准，学习、励志、向上等正能量不足，需要引起教育部门、老师、长辈的注意，引导同学们健康运用虚拟空间，促进自我成长。

同时，高中生手机社交媒体使用依赖情况不严重，同学们会有意识地控制使用时间，并具有一定的风险防范意识。同时也发现一个现象，在手机社交媒体依赖方面，活跃用户与非活跃用户之间没有明显的差异，活跃用户并不一定依赖程度就高。个体对社交媒体的认知、使用目标、自我管理水平等因素都会影响社交媒体的使用水平与依赖程度。

高中生对QQ空间中的创作与表达之于个人和社会发展的作用，具有初步的判断，对于空间促进朋友交流、联络情感、分享生活等方面的作用，能够达成共识，但对于知识增长方面的作用，则有不同的体验。对于空间中信息真实与否，受访者均表示需要根据自身的阅历和信息类型进行判断。总之，高中生具有初步的判断力，但个体之间差异较大。

对于QQ空间中的创作与表达行为，个体之间差异较大，活跃与非活跃用户在信息发布、转发、评论等方面表现均有所不同，基本呈现出“看的人多、参与的人少”的局面。在表达方式方面，基本以文字和图片为主，音视频多媒体技术应用非常少。

综上所述，高中生具有使用手机社交媒体的技能，且基本能够满足自身的使用需要，但对于该信息平台的认知和理解则略显不足，导致空间中娱乐、休闲、调侃信息偏多，需要适时引导，在创作与表达方面的表现则更加欠缺，参与人数少、参与程度低。

第四章　研究发现与结论

第一节　研究发现

手机作为现代人密不可分的随身工具，高中生作为青少年中的特殊群体之一，二者的关系越来越受到教育家、学者、家长及社会的关注。关于如何正确对待和处理二者的关系，手机媒介素养教育为我们提供了一个理论框架与实践参照体系。本书通过手机媒介素养研究框架，对问题进行可操作化设计，在访谈和调查数据基础上建构手机媒介素养指数，较直观地展现了我国各地区高中生手机媒介素养的基本状况，并对相关影响因素进行了分析与解读，希望对实施手机媒介素养教育以及提高高中生手机媒介素养水平提供参考意见。

一、我国高中生手机媒介素养水平总体偏低

我国高中生已具有一定的手机使用技能，并积累了较丰富的使用经验；但在手机理解方面整体水平偏低；手机创作与表达素质也呈现整体水平较低，参与程度偏低的状态。

(一)在手机使用方面

1.在使用行为方面，呈现出普及程度高、使用强度低，手机通讯功能弱化，娱乐休闲工具等附加功能凸显的特点

本书调查结果显示，手机在我国高中学生中已经非常普及，94%的高中生都拥有自己的手机，其中使用智能手机比例高达70%。这个调查结果略高于孟利艳、刘加星2013年在《青少年手机使用与日常生活方式的变迁》中“高中生手机拥有率为81%”的结果，但与我国青少年手机拥有率80%左右的结论基本吻合，且远高于我国青少年几年前的手机拥有率。

虽然手机普及程度高，但是使用强度却不高，呈现出使用时间少、资费低的整体特点。每天都能使用手机的学生占一半左右，且日使用时间大部分都低于1个小时，同时，每星期使用时间呈现出2天和7天分化的状态。“只有放学回到家才能用手机，手机不能带到学校”“等车时可以抽空玩一会儿手机”“周末有时间玩会儿手机，平时没空”等，是高中生使用手机问答时，回答比较多的说法。

高中生基本上是通过自己摸索与研究来操作手机，常用功能与软件能够满足自己的需求，不需要求助于老师或长辈，同学之间偶尔交流一下使用心得。同时，有同学承认:有时家长或长辈会向自己请教手机的某些功能。

在手机使用功能中，高中生群体在手机电子词典、计算器、闹钟、日程表等功能方面的使用强度要高于其他青少年群体，在手机上网、手机音乐、拍照等娱乐休闲功能的使用方面与青少年群体雷同，但是在手机游戏使用方面不突出，低于其他青少年群体。同时，手机通话、发短信等原始的通信功能，使用强度比较低，越来越弱化，通过手机接入社交媒体的应用越来越多，手机在工具、娱乐、休闲方面的应用逐步凸显。

从互联网的经验看，学生们面对的问题并不是如何接触信息，而是如何处理无穷无尽、杂乱纷扰的信息，除了互联网信息，还有每天面对的电

视、电台、报纸、杂志、电子游戏……正如麦克卢汉的名言“媒介就是讯息”所指，传播科技是延伸到人类生活中所产生的规模、空间及形态等的改变，每一次的延伸都会带来麻痹或麻醉的效果，令人们盲目且看不清其真正意义。因此，对于手机使用素养教育，技术操作不是重点问题，信息选择与信息处理才是关键所在。

2. 高中生手机使用受制于学校管理、家长限制以及自我管理，在操作技能、功能使用上个体之间差异较大

目前，我国高中教育围绕高考指挥棒转的状态依然十分突出，学校为了不影响学生学习、方便学校管理，面对手机分心、影响学习、心理状态等问题，基本采取强制性管理措施：“在学校内禁止使用手机”“进入校园不可以带手机”“教室内不可以使用手机”等基于地点和时间的差异化禁止使用管理方式。在被调查学校中，有学校制定了关于“禁止学生在校园内携带和使用手机”的规定，规定中以学生在校使用手机出现的种种问题为出发点，如上课期间拨弄手机、玩游戏，下课时间打电话、向同学炫耀自己的手机，甚至出现上课期间手机铃响等严重干扰课堂教学的现象。回到宿舍熄灯后，通过手机上网、阅读、看视频到很晚，影响休息，导致第二天上午上课昏昏沉沉，这不但严重影响了自己的学习，同时也扰乱了他人的作息。在期中和期末考试中，有学生利用手机进行考试作弊，更甚者进行信息群发，严重扰乱考试纪律和学校正常的教学秩序等。鉴于上述种种现象不仅影响同学学习，破坏学校的学习气氛，也不利于学生的身心发展，学校决定：禁止学生在校园内携带和使用手机。如有发现，学校将对手机予以扣留直至毕业离校，严重者给予学生纪律处分。任何人不得以任何理由纠缠手机被收问题。

这是目前高中学校对学生手机管理的一个缩影，为杜绝手机使用中的负面效应，对手机在学校内实行禁止使用的管理办法。因此，学生的手机使用仅能在放学后、离开学校之后，但同时又受到家长的限制，“别玩了，快学习”“少玩一会儿吧”等等，都是高中生在描述父母对其手机使用限制时常用的提醒语言。诚然，由于家长受教育程度、对孩子教育理念有

所不同，对于高中孩子使用手机的态度也有所不同，但担心手机影响学习以及网上不良信息对孩子的侵害是所有家长共同的顾虑。家长对于孩子的手机使用处于矛盾的心理，一方面不想让孩子使用手机，但又需要手机满足联络和确保孩子安全的需求，以及对于同学都用，自己的孩子没有会自卑的担心；另一方面，让孩子使用手机，又担心孩子会上瘾、影响学习，以及受不良信息的侵害、辐射危害、影响视力健康等等。从调查的情况看，大部分父母对高中生手机使用的态度是：有限度的使用是可以的，但是不能任由其随意使用。

在调查中，有一些学生就说："学习太紧张，没有时间玩。""我不用手机，是因为我自己不能控制，所以干脆不玩，等考上大学再说。"高中生学习任务重，时间紧，为完成学习目标，迎接高考这场人生中最重要的蜕变，他们自觉地选择了自我约束。

由此可见，高中生的手机使用受到学校管理、家长限制以及高中生自我约束三重机制的影响，呈现出普及程度高、但使用强度小的特点，高中生在点滴、碎片的时间提升操作技能与功能拓展。由于上述三重因素对每个高中生个体的作用强度不同，因此，高中生群体之间手机使用技能、掌握功能方面仍然存在差距，群体之间差异较大。受访者介绍说："班级里同学之间手机使用方面还是差距挺大的。"

综上所述，我国高中生目前手机使用在学校、家长、自我约束下原发性地发展，呈现出该群体所特有的使用功能、使用时间和使用特点，这是未来开展手机媒介素养教育的起点，该群体自身的使用经验是我们在"设计"媒介教育中不容忽视的内容。

（二）手机理解方面

手机理解作为手机媒介素养指数的第二个一级指标，受访者在手机理解方面的总体水平略低于手机使用指数，且略高于手机创作与表达方面的水平，同时个体彼此之间差异也要小一些。

在具体指标方面，对于手机社会功能、手机对社会及自身发展的作用，高中生都持积极乐观的态度，且自我控制力较好，手机依赖现象不突出，并对手机使用风险和道德意识都有初步的认知，但对于手机行业运作知识的理解却明显不足，大部分受访者不能很好地作出判断，且个体之间理解水平差异较大，需要在今后不断地引导与加强教育。

（三）手机创作与表达方面

在三个一级指标中，手机的创作与表达是最薄弱的环节，是指数建构中唯一一个负值，且对手机媒介素养指数影响最大。在具体指标上，高中生对于创作与表达的社会作用认识较肤浅，且对于自我表达能力自信心不足，参与创作与表达行为的水平较低。对于加强创作与表达实践平台的建设、实践体验的丰富、参与式文化氛围的营造还有很长的路要走。

二、我国高中生手机媒介素养地区之间存在着一定的“数字鸿沟”

根据我国省级行政单位区域划分，本书将31个省级行政单位划分为华东、华南、华中、华北、西北、西南和东北七个地区。从整体上看，研究中所建构的高中生媒介素养指数（ML）是一个大部分受访者素养指数低于中值且有偏的分布态势。其中华南和西北地区手机媒介素养指数大于总体的均值，水平略高于其他地区，东北地区处于中等水平，其他区域的手机媒介素养指数低于总体的均值。同时，三个一级指标手机使用（MA）、手机理解（MU）、手机创作与表达（MC&E）的研究结果可见，高中生受访者在手机使用方面的差异最大，其次是创作与表达方面，差异最小的是手机理解方面。同时受访者在手机创作与表达（MC&E）方面总体水平偏低，大多数人的指数低于中等水平，而且受访者在手机创作与表达方面差异比较大，呈现两极分化的趋势。

在各地区之间，我国华南和西北地区的手机媒介素养水平高于全国其他五个地区（东北、华北、华东、西南、华中）。其中，在手机使用方面，华南与西北地区高中生素养指数最高，东北地区次之，其余四个地区（华北、西南、华中、华东）水平相当，略低于前三个地区；在手机理解方面，华南地区略高，其余六个地区（西北、东北、华北、西南、华中、华东）水平略低，但是彼此之间没有显著差异；在手机创作与表达方面，华南、西北、东北地区指数略高，华北、西南、华东、华中四个地区水平略低。由此可见，我国高中生手机媒介素养呈现出整体水平低、地区之间不均衡、数字鸿沟仍然在一定程度上存在的现状。

我国教育在地区之间发展不均衡是一个众所周知的事实。中国教育信息化发展水平，总体呈现“南高北低”“东高西低”的特点，尤其是内陆和西部边远区域教育信息化水平较低。[①] 在教育人力、财力和物力资源的平均水平上，呈现了东部省区好于中部省区、中部省区好于西部省区的现状，但实质意义并不强，这是因为三类资源全面处于全国领先地位或具有优势地位的省区除北京、上海之外并不总是完全一致的，东部省区的天津、浙江、江苏、山东、广东等省区在一些教育阶段的某类资源上位居全国前列，同样的西部省区中内蒙古、新疆、西藏、青海、重庆等省区和中部的吉林、黑龙江等省区在另外一些教育阶段的某类资源上也位居全国前列。[②] 由此可见，中国教育发展不均衡程度十分严重，也非常复杂，但其表现形式和特征不能简单地以某个单一指标来完全、准确地反映。[③]

在研究中，为考察地区之间、城乡之间、不同经济状况等指标对高中生手机媒介素养的影响，分别考察了高中生在手机操作技能、遇到问题解决办法、手机相关知识理解以及手机创作与表达方面的认知和行为方面的差异。分析结果显示，生活在城市、农村的学生在上述几个指标上均呈现出城乡差异，且所生活城市越大越繁华，在手机操作技能和遇到问题的解决办法方面水平越高，农村学生相应指标水平最低；在手机创作与表达能力评估和行为表现方面，也呈现出同样的趋势。

---

① 王运武.中国教育信息化发展不平衡问题探析[C].第四届全国教育技术学博士生论坛论文集.2008.[EB/OL].http://d.wanfangdata.com.cn/Conference_7160493.aspx.

②③ 王远伟.中国教育发展不均衡状况的省际数据分析—兼论“教育中部塌陷”现象[C].2009年中国教育经济学学术年会论文集.北京：北京师范大学.2009:2.

本书中高中生手机媒介素养水平各地区之间不均衡的研究结果，在一定程度上与我国各地区之间教育发展趋势相吻合，同时也呈现出差异。具体表现在西北地区方面，本书中西北地区包括陕西、甘肃、青海、宁夏和新疆，研究样本主要来自陕西和甘肃，西北地区在手机媒介素养指数均值及其三个一级指标的均值方面，在全国各地区中均处于中等偏上的水平，与其他有关教育地区发展水平不均衡的研究结果有所不同。这其中不排除样本选择上的偏差，但同时也为我们尽快缩小地区和城乡差异，为数字新媒体技术的发展与普及，为缩小信息鸿沟带来可能性与新的希望。

三、我国高中生手机社交媒体素养水平偏低，但整体趋势向好

在我国，由于高中生学习时间紧、压力大，他们对手机社交媒体使用的时间是有限的，面对手机社交媒体中纷繁复杂的信息，大部分受访高中生感觉难以从中找到有价值的信息。高中生手机社交媒体使用能力整体看来还较弱，但是高中生在使用手机社交媒体时表现出了应有的控制力，在使用时间上基本可以实现自我把控。

从调查中得知，高中生对于使用QQ空间的目的和作用，基本认同通过空间与朋友联络感情、抒发情感、关注同学朋友动态、打发时间等等，而认为在空间中可以获取知识的仅占受访者的3%，可见，高中生对手机社交媒体的认知与QQ空间社交平台基本用于人际交往和休闲娱乐等主要作用相符合。同时也表明高中生在手机社交媒体有限的参与（包括转发）、创作与表达方面，以猎奇、调侃、搞怪、追新、求特等为主要价值判断标准，其价值观念存在一定的偏差。同时，由于受现实生活中朋友圈和自身阅历的限制，高中生手机社交媒体运用在内容上缺乏多元性、较为单一且同质性强。但也有必要看到，高中生群体基本可以做到不制造、不转发、不传播有害的信息。受访高中生能够通过发表说说、日志、照片以及转发、评论、互动讨论等方式，参与手机社交媒体的创作与表达，可以在表达过程中融合文字、图片、视频、音频、空间装饰等多种方式，以丰富自己

的手机社交媒体运用经验。调查表明，高中生在手机社交媒体的创作与表达方面在整体上呈现出不均衡的现状，地区之间、学校之间、个体之间都存在较大的差异。

高中生在手机社交媒体的认知与理解方面表现出基本的反思，他们认为：同学、朋友发布的动态也要经过“自我包装”，只有想对大家表达的意见或看法以及想让大家知道的事情才会在空间上“晒”出来，因此，其真实性和完整性值得怀疑。这表明高中生对于手机社交媒体传播的信息具有一定的甄别、拣选、判断等能力。

调查中还发现高中生对手机社交媒体的依赖度并不取决于其对手机社交媒体运用的活跃度；如果能有效管控目标、时间和效率、风险等因素，高强度使用手机社交媒体也并不一定导致对手机的依赖和迷恋。

所有受访学生都认为手机社交媒体运用存在风险，但处理风险时基本上采取消极的躲避和屏蔽的方法。笔者认为，这与高中生的社会身份是相符合的，各级教育行政部门、学校、相关企业和社会应该为高中生手机媒介运用创造良好的环境，不能把这种社会责任归之于高中生群体自身，高中生群体只要具有风险意识并能够有效管控风险就是值得肯定的。

综上所述，尽管我国高中生手机社交媒体运用中存在着价值观念有所偏差、正能量不足、“看的人多，参与的人少”、原创比例不高、个体差异比较大等种种不尽如人意的地方，但是必须认识到：高中生具备了使用手机社交媒体所需要的技能，他们通过手机使用社交媒体已经常态化，呈现出人数多、频率高，但强度不高的状态，虽然目前高中生手机社交媒体素养水平偏低，但整体趋势向好。这也为有效开展手机媒介素养教育创造了一定的条件。

四、我国高中生“成长环境”促进手机媒介素养提高作用尚未体现

青少年作为一个独立的心理和行为个体，处于非常复杂的系统环境中，与环境发生着各种各样的信息交换，环境影响着青少年的身心发展。

德国著名心理学家勒温，甚至认为一个人的行为是环境与人的函数或心理生活空间的函数。在影响青少年成长的复杂环境中，家庭、学校、社区、伙伴群体与青少年最接近，影响也最直接。青少年的大众媒介接触与使用行为，同样受到成长环境的影响，不同的家庭类型、不同的学校教育、不同的伙伴都会对青少年的媒介接触产生不同的影响，这也就是上文所论述的手机本身只是一个工具而已，不同的环境下青少年将会有不同的使用动机和使用行为，自然将产生不同的结果。因此，在青少年手机使用过程中，家庭、学校、社区等环境所发挥的作用如何，将直接影响健康手机使用环境的形成。本书中相关研究发现如下：

（一）学校教育对高中生手机媒介素养影响基本处于空白状态

研究中发现，高中生学习成绩、年级高低、担任干部与否以及学校对手机管理办法等因素对高中生手机媒介素养指数均不具有显著影响。现行高中教育体系中对高中学生的主要评价指标对个体手机媒介素养水平均不具有显著相关，即学习成绩优异，不一定手机媒介素养指数得分就高，高三年级学生的手机媒介素养指数不一定高于高一年级的学生，担任学校、班级干部的学生在手机媒介素养方面不一定就好，等等。目前，高中学校对学生手机使用的态度主要表现在，通过行政手段管理高中生手机使用时间和地点，其他有关手机使用方面的教育和指导几乎处于空白状态。

同时，学校有关手机管理的手段，对学生的手机媒介素养指数也没有显著影响，即学校允许使用手机与否，对高中生手机媒介素养也没有直接的影响。这一结果需要教育家考虑媒介教育纳入学校教育体系的时间上的紧迫性。

高中教育连接着基础教育和高等教育，在教育体系中起着承上启下的作用。2010年颁布的《国家中长期教育改革和发展规划纲要（2010—2020年）》将“育人为本”作为一项重要工作方针，并进而提出“为每个学生提供适合的教育”。具体到高中教育阶段，又进一步指出，“注重培养学生自主学习、自强自立和适应社会的能力，克服应试教育倾向”。[1] 目前高中教育在反思高中教育工具价值观，希望从根本上扭转以升学为唯一目标的价值取向，强调学生的内涵发展价值。手机、互联网等新媒体技术的应用，也在一定层面上考验着高中实施素质教育的情况。“学习成绩”作为高中在校生评价教育效果的显性指标，成绩高低意味着学生相互之间的差距；而“年级高低”不同也意味着学生之间存在较大差异，我国高中教育学制三年，三个年级在知识水平、心智成熟、人格发展、社会责任等方面都存在较大差异。但研究结果却显示，各年级之间、学习成绩好坏的同学之间在手机媒介素养指数上没有显著差异。这意味着，在手机使用方面、手机相关知识的理解方面以及创作与表达方面，年级不同、学习优劣不同的学生都处在整体较低的水平上，说明在现行高中教育体制内，人们在引导与教育高中生使用手机方面几乎无所作为。“学校没有过有关手机使用话题的讨论、班会”“学校没有与手机相关的教育”“对于手机方面的话题在思想品德课上偶尔有，其他没有”，这是访谈中学生的回答，与数据分析的结果共同印证了高中学校对于学生手机使用方面的教育与引导尚未起步。

（二）家庭对高中生的手机媒介素养影响不容乐观

研究结果显示，目前我国家庭经济条件和居住地等客观条件不同对高中生手机媒介素养水平具有显著影响，“知识沟”仍然存在；但是，家长对子女手机使用态度、孩子与父母的关系等因素对高中生手机媒介素养水平却不具有显著影响。家庭是未成年人成长的核心环境，同时高中生手机使用行为大多发生在家庭中，但是家庭在高中生手机媒介素养方面作用却不明显，且父母对子女手机使用态度与结果在某些方面恰巧相反，这需要引起教育家和家长的重视。

研究结果表明，家庭居住地的城乡差异、家庭经济条件指标，在高中

---

① 刘万海.我国高中教育改革：历史经验与未来选择[J].全球教育展望.2014:3(14).

生手机媒介素养水平及其三个一级指标手机使用、手机理解、手机创作与表达方面均存在显著影响，同时，对于手机的操作技能、手机行业相关知识的理解、手机创作行为和表达行为等方面也存在显著影响，“知识沟”仍在一定程度上存在。蒂奇纳(P.J. Tichenor)的“知识沟”理论认为，“随着大众传媒向社会传播的信息日益增多，社会经济状况较好的人将比社会经济状况差的人以更快的速度获取这类信息。因此，这两类人之间的知识沟将呈扩大而非缩小之势”。[①] 大众传播的信息传达活动无论对社会经济地位高者还是社会经济地位低者都会带来知识量的增加，但由于社会经济地位高的人获得信息和知识的速度大大快于后者，随着时间的推移，最终结果是两者之间的“知识沟”不断变宽，差距不断扩大。

前面在对比我国各地区之间的高中生手机媒介素养指数的差异时，“西北地区”作为我国教育、经济、文化发展比较落后的地区，在高中生手机媒介素养指数上高于发展水平高于它的地区，为手机、互联网等新媒体发展过程中城乡、地区之间知识沟的缩小带来了希望。但是在家庭居住地的城乡之间以及家庭经济条件等指标中，高中生手机媒介素养指数仍然存在着显著差异，缩小知识沟差距、减少城乡及经济水平对手机等新媒体发展的影响，还有很长的路要走。

在传媒影响日益膨胀、价值观念日趋多元化的今天，家庭仍然是孩子成长最重要的环境，是影响青少年成长的主导因素，虽然对于处在叛逆期的青少年来说，家庭以及父母的意志对其影响力会减弱，但是日常生活潜移默化的影响，将在无形中作用于学生的成长。

研究中将父母对子女手机使用态度分为“允许”“不允许”和“随便用”三种情况，通过分析发现，父母对子女手机使用态度对高中生ML不具有显著影响。再来看一下在三个一级指标中的关系，在手机使用方面，其态度也没有显著影响，但是在手机理解和创作与表达方面存在显著影响。其中，在手机理解方面，家长“允许使用手机并进行引导”的学生理解指数

① 赛弗林，坦卡德.传播理论：起源、方法与应用[M].郭镇之，译.北京：华夏出版社，2004:274.

高于“不允许使用”和“随便使用，没有限制”的学生。在手机创作与表达方面，家长“不允许使用”的高中生，其手机创作与表达指数最高，其他允许使用的学生指数略低。这一矛盾的结果，让教育家、家长都需要去思考，家长对子女教育中，方式方法的重要性。在现在中国的人口与教育政策的背景中，家庭教育处于尴尬境地，教育手段与教育目标之间影响因素相对复杂，教育难度也较大。

因此，研究家庭中青少年媒介素养教育的方式和方法，为家长提供参考建议，对于促进家庭教育，提高未成年人社会化，具有十分重要的意义。

（三）社区在高中生手机媒介素养方面作用初见端倪

我国的社区建设起步较晚，社区作为社会的一个缩影，是城市文明的另一种表述。社区发展过程中一个重要的作用是提高居民文明素质，通过政治教育、业务培训、兴趣培养、技能教育等多渠道、全方位的教育，提高广大居民的文化知识。对于开展手机、互联网使用技能、道德意识培养、风险防范等方面知识的教育与培训，社区是便捷、有效的途径。我国社区建设起步较晚，发展水平低，社区作用并没有发挥出来。在本书中，虽然社区在手机媒介素养方面的作用不突出，但是被社区手机知识传播影响的高中生，手机媒介素养水平显著高于没有参与过的学生，且参与的次数越多，素养水平越高。

手机以其操作简单、移动、方便、快捷、时尚、多功能等特点，越来越让人无法拒绝，其人性化、智能化的特点是过去任何一种媒介都无法超越的，其影响力将越来越深入和广泛，越来越与人们形影不离，逐步发展成为“个人移动信息终端”。男女老少都能使用、也都在使用手机，在使用技能、危害、道德、风险、新功能等方面的知识通俗易懂，普及起来比较容易，适宜在社区中学习和推广，不需要正规教育渠道专门的培训与指导。

为杜绝手机使用中的负面社会影响，逐步提高人们的手机媒介素养，社区教育渠道可以加以利用，逐步发挥其作用与影响力。

(四)手机媒介为填补青少年“信息鸿沟”带来希望

在第四章中分析我国各地区高中生手机媒介素养指数差异时，“西北地区”作为我国教育、经济、文化发展比较落后的地区，在ML指数方面却表现为高于发展水平优于它的地区，为手机、互联网等新媒体普及过程中，缩小城乡和地区之间“信息鸿沟”点亮了希望。同时在考察经济状况对高中生手机媒介素养的影响时发现，在手机操作技能、遇到问题解决办法、手机综合表达能力评估以及手机创作与表达行为方面，家庭经济条件对其均具有显著影响，但并不是经济状况与相关素养指数呈现相同趋势，而是“非常贫困”学生在手机操作技能和遇到问题解决办法方面的指数不是最低。同时，在手机综合表达能力方面，“非常贫困”学生也不是最不自信的群体，而是家庭经济状况一般的群体最不自信；在手机创作与表达行为方面，“比较富裕”行为最多，其次就是“非常贫困”学生。研究结果为人们开启了如何在新媒体环境中缩小“信息鸿沟”的思考。

随着我国信息通信基础设施建设步伐的加快，在推进“三网融合”的进程中，信息通信基础网络提速升级发展，电信网、互联网不断升级改造，信息通信基础网络建设和综合利用水平在全国范围内不断提升。教育资源相对较少、经济发展水平相对落后地区，在信息通信基础设施升级改造过程中，硬件设施配套有望与发达地区持平，在新一轮数字与新媒体技术的竞争中，差距逐步缩小，“知识沟”有减小的可能。

目前国家实行对西北倾斜的教育区域发展政策，加大对西部地区教育方面人、财、物的投入以及政策优惠，该政策有其合理之处，在一定程度上取得了效果，研究中西部地区高中学生在手机媒介素养方面呈现出较高的平均水平，为区域教育发展注入了强心剂。

第二节　对我国开展高中生手机媒介素养教育的建议

一、发挥青少年主体性，应对手机新媒介环境

在大众传播学的受众研究中，有一种将受众作为受害者(victims)的话语研究，其认为，大众传播的内容具有一定的腐蚀性，会使缺乏抵抗能力的受众的生理健康和心理健康受到影响。这种理论虽然没有核心的理念，影响也较小，但是这种思想从大众传播产生以来就一直存在，也影响了媒介素养教育发展历程，媒介素养教育理念最初在"保护主义"立场上而采取的"抵御范式"就是这一思想的集中体现。

历史上，每当一种新媒介出现的时候，成年人出于保护青少年的本能，就会提出媒介对儿童的影响问题，并投出不信任票，如广播、电影、电视、电子游戏、互联网、手机在出现、发展之初，都没有逃过大众的谴责。20世纪30、40年代担心电影会使青少年道德败坏，80年代害怕电视中的暴力画面影响青少年身心健康，90年代顾虑电子游戏、互联网上的暴力和色情信息教坏我们的下一代，如今，手机使用中的问题又同样引起教育家、家长的担忧。总之，大众媒介对青少年负面影响的社会顾虑由来已久，且各国在新媒介普及之初都有类似的发展经历，也都具有一个共同的缺陷与不足，就是忽视了青少年在媒介使用过程中的"主体性"。

青少年因其社会阅历浅、思想不成熟，始终被列为被保护的对象。目前，我国有关网络、手机等对青少年的不良影响方面的研究，就存在青少年是受害者话语的遗毒，研究以负面影响、手机依赖、成瘾居多。学者关注青少年接触新媒介所出现的社会问题，然后再努力解决问题，其本身无可厚非，但不能将出现的问题都归咎于互联网、电子游戏和手机。中国社会科学院新闻与传播研究所媒介传播与青少年发展研究中心主任卜卫曾

在 2010 年 2 月的《中国教育报》中指出，在对互联网等新媒介的使用上，人们存在着一些认识上的误区：过分关注了新媒介对青少年的负面影响，而忽视了青少年对网络的需要——新媒介对青少年的影响，并不是直接、即时发生作用，而是媒介因素与儿童的生活因素共同发生作用的结果，与家长、教师的引导等都有密切的联系。

“在面对新媒体时，人们缺乏了解，容易把其他社会条件综合导致的后果简单归结于媒体这个单一因素。新媒体这样一个‘外来户’容易成为原住民面临的‘新’问题的‘替罪羊’。”[①]青少年作为大众媒介所“建构世界”中的弱势群体，研究者在试图努力帮助青少年的同时，也需要更多地关注青少年群体在媒体使用过程中，尤其是在新媒体使用及与其互动过程中，所发挥出来的主观能动性。因此，对于青少年与手机二者的关系，我们首先要转变观念，摒弃青少年在新媒介接触与使用中一定“受害”的误解，赋予青少年机会与自由，发挥其在手机等新媒介使用与互动中的主体性。

主体性(subjectivity)是人作为主体所特有的属性，是在同客体的相互作用中所表现出来的自主性、能动性和创造性。马克思主义认为，任何事物都是“自我构成”“自我运动”“自我发展的”，人的主体性是在交往行动以及交往结构中建构起来的。青少年处于儿童向青年转变的过渡时期，在政治、经济、文化、社会的宏观环境，以及学校、家庭和媒介等微观环境的相互作用下，建构自我，生成主体性，形成个性，实现个体的不断发展。随着信息传播技术的发展，媒介环境在青少年的社会生活中发挥着越来越重要的作用，尤其是以互联网、手机、移动信息终端等为代表的新媒介，以迅猛的发展态势影响着青少年的信息获取方式、知识接受方式、学习方式、思维方式以及人际交往方式。

教育的基本功能就是把人类所创造的文化科学知识或经验“内化”为个体的精神财富，发展、提高个体的主体性，培养有创造力的人，造就未来

① 刘海龙. 大众传播理论：范式与流派[M]. 北京：中国人民大学出版社，2008：270.

的社会行动主体，而不是单纯的传播知识。从这个意义上讲，教育在本质上是对个体主体性培育的过程，是一种主体性教育。青少年作为受教育的主体，其情感、态度、价值观尚在形成过程之中，人格也在完善过程之中，具有独立性和依赖性并存的特点。关注青少年主体性发展，培育青少年主体性，是教育研究的主要内容，也是研究者的责任所在，对青少年主体性的深入研究，无论是对于我国教育体制改革，还是媒介教育的发展，都具有重要的现实意义。

研究发现，手机媒介素养水平与高中生学习成绩、年级高低、家长对手机的使用态度和学校的手机管理办法等诸多因素之间都没有直接关系。

与此同时，高中生自身对于本群体手机使用态度（支持、反对和中立）却对高中生手机媒介素养（ML）及其三个一级指标手机使用、手机理解和手机创作与表达具有显著影响。同时，调查结果也显示，受访高中生在手机使用过程中自控力较强、手机成瘾问题不突出、玩手机游戏也不多；相反地，手机电子辞典、手机搜索信息、新闻阅读等使用比较多。可见，高中生在手机使用中特征明显，能够选择性地“使用”手机，利用手机媒介随身、方便、快捷的特点满足群体对手机休闲娱乐、信息获取等方面的需求。

我国高中生是一个特殊的群体，学习时间紧、任务重，无论学生本人，还是家长，都因高中这样一个特殊时期，而采用不同的态度和行为。在访谈中，就有家长感慨“不愿意让他（孩子）用手机，但是也不敢说，快高考了，怕影响孩子情绪，爱玩就玩吧”。同时，也有学生感叹“当然愿意玩手机，但是没时间啊，等高考之后再玩吧，我妈说等我考上大学就给我买一个新手机”。可见，媒介影响不仅是社会化的一个过程，也与青少年个人的原有认知结构、态度、个性及价值观密切相关。也就是说，媒介的影响与孩子个人的生活经验、态度有关。孩子原有的生活经验决定了他们对媒介的需要、媒介兴趣和媒介选择，通过选择和接触媒介，孩子可能改变或消除了某种知识和价值观念。[①]

再看几个典型的案例：

案例一：家长是工程师，孩子是男孩，学习成绩优异，自控力强，家长对孩子非常信任，从不干涉孩子使用手机或上网，孩子对自己的手机使用能力非常自信，通过手机上网休闲娱乐、搜索新闻、查找资料，手机方便了自己的生活。

案例二：高中男生，住宿，晚上熄灯后，在被窝里用手机看小说，一直看到半夜才睡觉，睡眠不足，白天精神萎靡，严重影响学习。

案例三：还有一个家长是教师，因担心手机对孩子的不良影响，一直没有给孩子买手机，直到孩子全班同学都有手机之后，迫于不想自己的孩子太另类的压力，才给孩子买了一部手机。让家长非常惊讶的是，孩子拿到手机后，竟然没有遇到技术障碍，并且还自己会刷机。

案例四：高中女生，原来使用手机，学习时有电话、短信进来，感觉思路总是被打扰，没有自由，后来自己决定不再使用手机，感觉生活清静了许多，可以安心学习了。

第一个案例让我们见识了手机使用中理想的情况，第二个恰恰相反，是一个失控的案例，第三个案例是家长“围堵策略”的失效，第四个是“自我拒绝”案例。同样的年龄、同样家长监督手机使用，结果却截然不同：有的能够合理有效地使用手机，与手机和谐相处，有效利用手机获取信息、提高认识，发挥媒介功能，促进自身发展；有的成为手机的奴隶，迷失了自我。手机媒介在不同个体身上，表现不同，是受个体个性、人格、需求、生活环境等因素影响。因此，成年人不应该因为青少年手机使用中的个别案例，而剥夺青少年使用手机新媒介的权利，青少年应该有权利接近并使

① 卜卫.青少年使用新媒介要因势利导[N].中国教育报，2010-02-22(2).

用手机媒介。

根据联合国《儿童权利公约》，儿童的媒介接近权、有益信息知晓权和媒介参与权是儿童使用媒介的基本权利。“媒介接近权……对我国来说，第一，要确保儿童能从不同的渠道如广播、电视、报纸等各种媒体获得信息和资料；第二，要关注少数群体、弱势群体的媒介接触机会。”[①]同时，也赋予儿童娱乐权和闲暇权。目前，手机媒介对于青少年成长的影响尚未充分表现出来，其在培育青少年主体性和促进青少年社会化方面的作用也没有受到应有的重视。手机的技术特性决定了现代人将会越来越依赖手机，其普及性和易得性将会逐渐缩小青少年以及青少年中相对弱势群体之间的技术与信息差距。同时，手机随身性和互动性特点也为青少年提供了更多获得信息、表达与参与媒介的机会，因此首先需要转变观念，认识到成年人没有权利剥夺青少年接触手机、利用手机闲暇和娱乐的权利。在手机与青少年二者的关系中，应充分发挥青少年的主体性，赋予其自学成才的机会，在边学边玩中掌握媒体使用，再通过引导与教育，健康和谐发展手机媒介促进青少年成长的作用，而不是因噎废食。

二、多途径开展教育，形成合力，逐步提高高中生手机媒介素养

媒介素养教育在我国的实践，还未形成体系化，各种资源还较为分散，并没有形成强大的实践合力，因此，实现我国青少年“成长环境”在媒介素养教育方面具有影响力量的资源整合，建立多方联动的实践机制，形成实践合力，是当代媒介素养教育实践的一种可能性策略。

（一）学校需要发挥在青少年手机媒介素养教育中的主导作用

媒介素养教育作为一种教育形式，是围绕人的基本媒介素养展开的培养人的实践，本质上仍属于教育的实践范畴，需要遵循教育发展规律，

① 卜卫．媒介与儿童教育[M]．北京：新世界出版社，2002：84.

也需要依靠国家教育制度的主体——学校，发挥学校在媒介素养教育中的主导作用。

媒介素养教育在八十余年的发展历程中，伴随着媒介技术更新、媒介社会不断发展，建立起了以人的全面发展和素质教育为根本的教育实践活动，制度化的学校始终是其中的主导力量。目前，我国媒介素养教育虽然尚未形成系统化体制化的教育实践活动，但是媒介素养教育在世界上一些国家的实践活动，以及媒介素养教育培养人、促进人发展的本质要求，与教育的终极目标相一致。因此，将媒介素养教育纳入正规教育体制中，并尽早实施媒介素养教育是全球化、信息化、媒介化社会发展的内在要求，也是以实施素质教育、实现人的发展为教育目标的历史需要。

早在1989年欧洲国家教育部长会议宣示的“媒介与新科技教育”决议文中就强调正规教育应及早纳入并实施媒介素养教育。在欧盟教育决议文宣示十年之后，在联合国教科文组织1999年的会议中，来自33个国家的40多位学者也一致认同且支持媒介教育对于民主体制与公民养成的重要性，并提出“媒介教育应尽可能地在各地成为国民教育课程的一部分。但是媒介素养课程不同于一般以知识/内容为主的学科，媒介素养教育是一种行动知识(Knowledge in Action)，它涵盖实践性的知识。再者，教师在媒介教育中的角色，不是传统技能动作的程序性知识或语义认识的陈述性知识的传授者，而是一个‘苏格拉底式教学’的提问者，发思与思辨是媒介素养所依凭的检视基础，对学生和教师皆然”。

将媒介素养教育纳入教育主渠道，国外有丰富的经验可以借鉴，在学习和模仿的同时，必须以我国教育环境为基础，照抄照搬是不可行的。我国教育体制对于实施媒介素养教育既有优势，也有劣势。最突出的优势在于现行教育体制的统一性，对于推行教育内容和改革措施具有执行力；最大的劣势在于现行教育虽然已实行了一系列的改革政策，将素质教育提上日程，但实行的效果不容乐观，大部分地区、学校仍然以应试教育为目的，强抓升学率，在培养学生独立思考、批判思维、创作力方面基础薄弱，不利于媒介素养教育开展。

(二)家庭需要发挥促进青少年手机媒介素养教育的责任作用

在传统社会中,家庭是青少年最初的、也是影响最深刻的成长环境。在社会转型、大众媒介不断发展的今天,中国社会生活发生了极大的改变,家庭内对文化知识的传承模式也经历着前所未有的冲击。现代家庭“面临代际观念差距拉大、子辈社会化渠道增加、父辈权威进一步消解、子辈更为独立自主,进而代际冲突频发的局面”。本书发现,家庭经济状况和居住地对高中生手机媒介素养指数以及三个一级指标手机使用、手机理解以及手机创作与表达均具有显著影响。但是父母与子女的关系好坏、父母对子女手机使用态度等对高中生手机媒介素养指数、手机使用操作技能、对手机知识的理解方面均没有显著影响。其中父母对子女手机使用态度与高中生对手机创作与表达的社会作用价值判断,呈现出负相关,即家长越不支持子女使用手机,孩子对手机创作与表达的社会期望值越高,越希望有机会去参与和表达;家长对高中生手机使用越不加限制,孩子的价值判断反而更低一些。同时,在访谈中也发现,几乎所有被访高中生都认为自己的手机使用技能高于家长,而家长也都一致认为自己不如孩子,同时,代际间有关手机媒介使用及观念上的沟通并不理想。

在高中生手机媒介素养教育中,对家庭的引导与教育期望过高,可能会令教育工作者失望,因为有些家长对传统大众媒介、互联网和手机等新兴媒介的观念和素养仍处于原始水平,受家长本身的教育水平、职业、经济收入、社会阶层等因素影响较大。相反,青少年处于身心不断发展阶段,对新鲜事物和信息具有强烈的需求,媒介接触频繁、信息获取量大,对于手机等新媒介使用具有自身的内驱力。因此,家长限制孩子接触手机,并不能真正隔绝青少年与手机的关系,在某种程度上还具有“逆反”的效果,即出现“你越不让我用,我越想用;你越限制我,我越好奇”的现象。同时,青少年手机使用愿望及使用需求依然随时代发展、社会进步而生根、发芽。因此,想发挥家庭在青少年手机使用中的引导作用,一方面需要提高家长的思想认识和自身素质,言传身教;另一方面,需要研究新媒介环境中家庭教育规律，逐步推广经验。可以借鉴国外的相关经验，加拿大数字媒介素养中心（canada's centre for digital and media literacy）提出的家庭中孩子手机使用的管理办法，可以为我们带来以下启迪：

首先，为青少年制订手机使用和选择计划

青少年通常会认为，手机是父母买单的私人财产。因此首先需要与孩子明确，允许使用手机是一种优待，而不是必须和应该的，因此，使用时必须要承担相应的责任：在选择手机之初，必须明确使用手机相应的责任和权利，以及手机使用费用和使用限制；一起查看每月账单，明确费用的上限及控制手机使用，包括手机上网和铃声购买等行为。

其次，父母还必须明确手机使用规定

讨论哪里和什么时间使用手机是被允许的；明确在什么时候不能够使用手机，如开车。

再次，与孩子讨论手机道德及社会层面的话题

帮助他们理解手机不是他们一定拥有的权利；为手机设置密码，以防丢失和被盗时信息丢失；告诉他们一旦文字或图片信息发送出去后，将无法控制信息的流向；鼓励孩子用批判的思维和道德的方式使用手机，等等。

最后，如果自己不精通手机使用，可以向孩子请教

这是让孩子知道成年人也不是无所不能的最有效方式。

建立明确的指导方针，与孩子讨论适当使用手机和使用中潜在的危险，可以促进手机在青少年生活中积极作用的发挥。①

(三)社区需要发挥在青少年手机媒介素养教育中的优势作用

社区是指地区性的生活共同体，是青少年除学校之外接触最多的社

① Canada's Centre for Digital and Media Literacy. Cell Phones and Texting[EB/OL]. [2014-07-10]. http://mediasmarts. ca/internet—mobile/cell—phones—and—texting.

会场所，他们的知识更新、娱乐休闲、社交学习、健康锻炼等活动很大一部分是在社区中完成的。社区是以服务于本社区居民生活为宗旨的，着重于社会生活、文化、健康、教育、政治等内容，社区拥有宣传栏、读报栏，有些社区还创办了社区报，并可以通过印发材料、会议宣讲、小区电影、有线电视、网络虚拟社区等渠道开展媒介素养教育，普及手机使用知识等。这样，便可使宣传内容较快地进入千家万户，促进健康媒介社会的形成。

本书发现，虽然我国社区在手机使用方面发挥的作用微弱，但也让人们看到了希望，社区在提高人们手机媒介素养方面的潜质值得进一步挖掘。参与过社区手机知识培训的高中生，手机媒介素养水平显著高于没有参与过社区相关知识学习的人，且学习的次数越多，媒介素养水平越高。同时，社区手机媒介素养教育的开展还能够与家庭教育相辅相成，相互促进，能够一举两得，受教育的群体广泛，不仅仅是青少年，成年人也同时可以学习和提高，家庭中的父母和孩子可以共同学习，其所达到的范围更广泛，影响也会更大。随着我国城市化的发展，社区在社会事务中发挥的作用也会越来越大，从事社区服务的工作人员的水平也越来越高，社区可以发展成为我国媒介素养教育的新领域。

（四）大众媒体需要发挥在青少年手机媒介素养教育中的引导作用

青少年每天都会通过有关媒体接触大量的信息，包括电视、报纸、广告、各种招贴，还有广播、手机、网络，这些媒体所发布的信息也会对青少年的心理造成一定的影响。尤其是网络这个开放性极高的媒体，对青少年的视野、心理带来强有力的冲击。研究中，对于提高手机认知方式问题，高中生中选择网站、电视、画册和海报的比例最高，均占受访者的一半左右。青少年喜欢的方式与世界各国通过大众媒介提高公民媒介素养的做法不谋而合。

表 4.1 高中生所喜爱的提高手机认知途径

排序	方式	N	和	比例
1	网站	1146	641	56%
2	电视	1146	570	50%
3	画册、海报	1146	556	49%
4	同学之间互相学习	1146	550	48%
5	手机短信	1146	453	40%
6	主题讨论	1146	365	32%
7	课堂学习	1146	335	29%
8	论坛	1146	334	29%
9	家长指导	1146	254	22%
10	广播	1146	206	18%
11	社区活动	1146	195	17%

由政府部门来推广媒介素养教育的实例在西方并不多见，英国通讯管理局是将媒介素养教育定为主要工作目标的少有个案。与英国类似，中国香港广播事务管理局作为政府机构也在一定层面上参与了媒介教育。从 1999 年开始，为了加深公众对有关广播电视节目规制的认识，该局开始进行有关“媒介识读”的推广工作，主要目的在于培养“家长和学生观看电视节目时的判断力”，以及“请家长参考电视台提供的节目资料为子女选择合适的电视节目”。其采取的方式主要有四种：在电视台和电台做公益广告，宣传广播电视管理规制，鼓励家长加强辅导子女观看电视；通过记者招待会发布有关决定，提高管理透明度，帮助公众更充分认识和理解其运作；在官方网站上提供各有关电台和电视台管理规制、业务守则、市民投诉个案和裁决等资料；为学校、家长、教师、学生举办讲座，介绍管理规制，加强公众对媒介的认识。①

同时，在考虑发挥媒介促进青少年媒介素养提高的作用时，还需要考虑用青少年喜闻乐见的方式，如动画、漫画、公益广告等，这些方式能够提

① 陆晔，等. 媒介素养：理念、认知、参与[M]. 北京：经济科学出版社. 2010：94.

高关注度和传播效果，如微信上转发的“我们都得了一种病——手机依赖症”的漫画，让人翻阅后不禁对比自己，反思手机使用行为。

图 4.1　漫画：我们都得了一种病——手机依赖症

三、分步骤、分层次，将手机媒介素养教育纳入教育主渠道

从媒介素养教育在西方兴起至今已经有几十年的发展历史，而我国起步较晚，至今仅有短短的十几年，西方历时态的四个理论范式在中国几乎是共时态地涌入研究者的视野，研究者对理论范式尚未形成足够的共识，实践领域的推广更是处于尝试阶段，尚未开展系统的、大规模的媒介素养教育，与目前大众媒介发展与普及规模不相适应。同时，我国正处于社会转型期，城乡差异、区域经济、教育以及社会发展水平不均衡，推动媒介素养教育在我国开展，仍有很长的路要走。针对我国社会现状以及本书的发现，相关建议如下。

(一)分步骤实施

媒介素养的理论研究与实践推广需要相互协调,共同发展,客观分析我国媒介素养教育面临的现实情况,对于指导教育实践、促进媒介素养发展具有十分重要的现实意义。手机作为第五媒介,普及速度广,对人们日常生活、社会文化、行为影响较大,尤其是对于成长中的青少年,影响将更为深远。本书发现,高中生群体之间在手机使用技能、掌握功能等方面仍然存在差异,群体之间差异较大,同时群体之间相互学习、相互影响也较大,群体之间在手机使用方面的相互影响要远远超过家长、老师、学校对个体的影响。因此,可以将手机媒介素养教育目标划分为不同的阶段。第一阶段,提高青少年手机使用能力。充分认识手机媒介在青少年群体中的影响力,发挥群体内部能量,交流经验,互相感染,以强带弱,让学生自我反思、互相学习,重点是调动学生参与的积极性使其乐于参与其中,通过高中的班会、主题讨论、学校海报等非正规的教育方式,在较短的时间内提高青少年对手机媒介的认识以及形成对自我手机使用行为的对比和反思。第二阶段,提高青少年手机理解和参与能力。将手机媒介素养纳入教育主渠道,通过导入媒介教育志愿者或教师参与等方式,提高高中生手机认知和理解,批判对待手机信息,提高个体利用手机促进自我发展的能力,将青少年置于与手机媒介相互培育相互建构的对等的一方,发挥青少年在手机使用中的主体性。

(二)分层次开展

由于我国地区之间教育、文化、经济发展水平差异较大,即便是同一个地区,重点高中与普通高中在生源质量与教育水平上也有较大差异,媒介素养教育很难在全国同步开展,不同地区也需要不同的教育策略。因此建议地方教育部门根据教育发展的实际情况,有针对性、分层次地布置高中生的手机媒介素养教育实践。

(三)以点带面,经验推广,逐步纳入教育主渠道

在各地区选取高中学校作为试点单位,实施手机媒介素养教育,总结教育经验,再逐步推广,将实施步骤与方法制订成培训手册,培训教师、志愿者,逐步建立起教育部门参与的媒介素养教育机制。

四、更新理念,创新手机媒介素养教育模式

本书表明,各级教育行政部门、学校和社会在对高中生施行手机媒介素养教育方面,远未达成共识,教育实践大大落后于高中生手机媒介实践。在手机媒介畅行天下的今天,任何封堵的做法或放任自流的做法都是不成熟的和不负责任的,只有认清现实,更新理念,创新手机媒介素养教育模式,才能引领高中生正确使用手机媒介,提高手机媒介素养,让手机媒介这一人性化的科技产品真正服务于高中生的成长和发展。其中,理念更新,是对高中生开展手机媒介素养教育的前提。

从媒介素养教育的历史发展中可见,媒介素养教育是在媒介教育者倡导下,一个从观念到实践不断创新、不断变革的历史,适应媒介技术更新,不断提高新媒介环境下人的素质要求,更新教育理念、充实教育手段、丰富教育方式,是媒介素养教育发展至今的不竭动力。相比西方发达国家,我国媒介素养教育起步较晚,理念陈旧,实践经验匮乏,需要立足我国教育、文化、社会发展的时代背景,借鉴国外先进的教育理念和实践操作经验,建立起具有中国特色的媒介素养教育体系,才能真正发挥媒介素养教育在“培养人”方面的作用。

虽然媒介素养教育有助于素质教育目标的实现,但是传统学校教育环境中教师主导的显性的教育方式不适用于开展手机媒介素养教育。我国传统教育以灌输式应试教育为主要特征,老师在权威式地“填鸭”,学生在被动式地“学习”,反复练习、不停应考,培养的不是创新型人才,而是考试型人才,不利于个人成长和社会发展。媒介素养教育从本质上说是“培

养人”、促进人发展的教育，因此需要适应媒介发展的技术变革和社会要求，从观念到实践不断吸收先进的教育经验和成果，不断创新教育实践，才能引导媒介素养教育不断发展。

由于媒介素养教育的最终目标是通过分析、推理、传播和自我表达技能的发展来提升自主权，要挑战传统教与学中以教师为主导的教育模式，发挥被教育者的主动性，受教育者只有参与其中才有可能实现教育的目标。因此，即便是媒介素养教育纳入到正规的教育体系之中，也一定要创新教育的模式，以参与式学习、隐性教育方式为主，以议题设置性为主导，以学生为主体，教师进行总结、监控、指导。同时，新媒介技术的发展，极大地增强了信息传播的互动性，为公众通过参与媒介进而参与社会事务提供了更多的机会和方式，迫切需要公众的媒介创作能力的培育、提升和自我发展。在新的信息与传播技术的影响下，当符号文本的物质性不仅仅依靠纸质文字的听说读写，而更依赖视听和计算机为基础的技能时，关于“Literacy”的定义也需要扩展：素养不仅仅指使用者所具有的种种特性，更被看作是技术与使用者之间依赖于媒介共同生产的相互关系。相应的，媒介素养“media literacy”的定义也必然要扩展为“参与、批判”。[①]

打破传统教育观念与教学模式，发挥新媒介环境所赋予公民的参与文化和互动交往的能力，为学生创造更多的机会与空间，在实践中创新手机媒介教育理念，在观念更新中不断发展手机媒介素养教育。

第三节　研究结论

信息化、数字化、移动化是当今时代发展的特征，已经深刻改变了人们的生产生活方式，也将成为变革教育的强大工具，改变着人们对于信息、知识、学习的认知与理解。从本书的研究中可见，相对于信息技术的

① 陆晔，等.媒介素养：理念、认知、参与[M].北京：经济科学出版社.2010：29.

高渗透力与迅速普及，我国现行的教育体制对于信息传播技术的回应处于比较滞后的发展阶段，无论是观念，还是实践，无论是课程更新，还是教育引导，都未能即时作出变革与调整。某大学新媒体专业的老师感叹说，自己在跟人人网和手机里的微博争夺眼球，很吃力。当今的学生，由于其生活环境和生活方式（数字化世界）的不同，他们的思维模式已经发生了根本的变化，他们是“数字时代的原住民”，他们的教育则是“数字时代的移民”。当今教育面临的一个最大的问题是：教育者说着过时的语言（前数字化时代语言）吃力地教着说着一种全新语言的人群。教育需要变革，去适应数字一代的读写方式。[①] 在课堂内，接受着传统教育的相对不变；在课堂外，感受着数字技术的千变万化，青少年在管制与自由之间不断进行角色转换，在顺应与反抗之间发展自己的亚文化。

手机，以及其他移动终端，为青少年参与和创作新型的亚文化提供了前所未有的机会和挑战。本书研究发现，目前高中生虽然已经具有一定的手机媒介使用技能和使用经验，但在认识、理解、参与和实践等方面仍处于较低的水平，停留在自我尝试和自我学习的阶段，对于以新型互动技术为基础的学习、生活、交流、沟通、资源共享、社会协作等方面，尚未形成规模体验。同时，学校、家庭、社会引导青少年提高手机媒介素养的教育环境尚未形成，不利于青少年适应与提高新媒介环境的适应力和发展力，因此学校、社会、教育部门要不断去推动建设适宜青少年参与、体验、应用、交流的软件与交流平台，引导青少年在新的信息传播环境中健康成长。

一、青少年手机亚文化的形成与影响

数字媒介极大程度地拓展了信息与传播者的可获得性（accessibility），使得信息与传播均变得随处可及，随时可及，这进而改变了延续与停滞，

① 高校教师网络培训中心. 2014 年中国高校微课研究报告[R/OL]. (2014-07-08)[2014-09-10]. http://weike.enetedu.com/report/.

整合与间隔之间的区别与过渡的界限。①

手机，几乎已经成为我国当代高中生的标配，其所具有的技术创新性、应用普及性以及引领时代的作用，其所具有的更强大、更方便的信息接触界面，正好刺激了青少年好奇与求新的欲望，吸引青少年自觉、自愿地去使用、去实践，创造了属于青少年自己的手机文化。同时，学校、家庭、媒体、社会在新技术环境下引导与教育作用的缺位，导致传统施教一方作用的式微，而青少年在新媒体环境中自我实践、自我学习的力量在增强，并将逐步形成新的教育关系，后者在青少年成长中的影响也将越来越大。

(一)高中生自主利用手机媒介实现服务自我、发展自我的可能性

手机媒介的独特之处在于，它通过本地化和个体化的方式将多元模式的传播整合入日常生活中。因此，手机传播中的"移动"与其说是在于特殊装置、综合技术或个体使用者，不如说是上述三者共同发生作用的传播语境。

在对日常语境的研究中，戈夫曼将"自我的场域"分为三种不同的类型：固定场域、情形场域和自我为中心的场域。固定场域受到地理和法律的规范，包括土地、院落、房屋等；情形场域较为短暂，产生于人们对于特殊地点的时限性使用；"自我为中心的场域"范围十分有限，代表着非常私人的空间，如口袋和钱包，同时也包括了诸如日记和信件等个人表达方式。手机就是第三类场域中的一个新例子，它使得自我为中心的场域嵌入日常的人工产品之中，进而构成了过渡性客体，也提供了我们介入"不在场的语境"的可能。

在访谈中发现，高中生在手机功能使用和开发方面，呈现出共性与个性共存的现状。共性主要体现在利用手机打电话、发短信等通信功能都几乎被忽略(与问卷结果吻合)，每个个体都喜欢使用手机，都与手机有着亲密的情感，为手机进行外观装饰、屏幕背景设置、桌面管理，以及社交媒

① 延森.媒介融合：网络传播、大众传播和人际传播的三重维度[M].刘君，译.上海：复旦大学出版社，2012：111.

体上的自我形象包装,既与众不同,又能彰显个性,将手机视为自我展示与表达的窗口,并个性化地“开发”和“使用”手机功能。同时,所在集体都有专属的电子社区,QQ群、微信群、班级贴吧等等,无论在群里活跃和发言与否,他们都会不约而同地选择“保持在线”的状态。在放学后,假期里,只要真实的群体不在线,虚拟社群就会在线,不时地浏览、查看群里的最新消息、最新动态,担心因为离线而错过消息、话题,而被隔离和屏蔽。

在个性方面,高中生到底用手机来做什么?这主要取决于个体的主观意愿。手机系统本身所具有的开放性和兼容性,以及移动互联网的飞速发展,为手机功能的拓展带来无限可能。高中生手机功能的使用主要依据个体的兴趣、爱好、主观意愿和想象,每个人都能独立地寻找到适合自己的、被自己所喜爱的软件,也利用点滴时间通过虚拟空间延展、锻炼展示个体的兴趣、爱好,满足自己的发展需要。QQ空间就是青少年个性展示、求新追异的实践场所。对于那些被否定了的社会权力,自我展示是他们做出不同姿态的能力以及从体系提供的资源中建构其意义的权力的表现。这里面有挑战及自豪于自我及亚文化认同的因素,就它是一种控制社会关系及一个人的文化环境的手段而言,它是令人愉快的。①

1. 喜爱学习的同学:在手机中安装学习软件,如“我要当学霸”“作业帮”“有道词典”“猿题库高考”“单词锁屏”等为高中生学习所量身定做的软件。同时,他们课下也会通过班级的QQ群、微信群等与班级老师、学习成绩优异的同学联系,解答难题、交流学习资料等等。总之,他们使用手机,不仅仅是休闲、娱乐,也会利用这一电子工具辅助他们有效地实现自我阶段性人生目标。

2. 喜欢音乐的同学:通过手机听音乐在高中生群体中比较普遍,流行音乐与青少年总是形影相随,通过“酷狗”“天天动听”等软件下载音乐,通过“唱吧”录制并分享自己演唱的曲目,等待同学、网友评价和转发已经不是新鲜事。在访谈中,有的同学通过手机软件随时记录作曲灵感、随时联

① 菲斯克.解读大众文化[M].杨全强,译.南京:南京大学出版社.2001:32.

系钢琴演奏、通过网络原创音乐社团进行音乐作品交流、通过微信公众平台关注最新演唱动态、获得比赛信息等等。总之，高中生既能够通过手机在平时点滴时间锻炼、提高自己，提高生活以及音乐创作效率，又能够通过手机联系外界、展示自我、积累社会资源、分享音乐作品，较好地享受音乐、数字技术为兴趣爱好发展带来的新式体验。

3.喜欢关注新闻的同学：手机已经成为高中生获取新闻资讯的主要途径之一，在调查中发现，大部分高中生获得的60%－70%左右的新闻资讯来自于手机，同学们普遍认为手机获取资讯时效性高、方便、快捷。大部分同学手机中都安装有诸如腾讯、新浪、百度、凤凰等新闻客户端，通过其了解新闻资讯，对于感兴趣的新闻事件，再通过搜索引擎，查阅更多的新闻报道以及广大网友的评价，形成自己的新闻判断。

4.喜欢动漫、视频、游戏的同学：玩，是孩子们的天性。每个青少年都喜欢休闲娱乐和游戏，但由于高中生受学习所限，可自由支配的时间较少，放学后还有较重的作业负担，因此他们利用手机在点滴、间隙的时间里满足自我娱乐休闲的愿望。对于需要较长时间的视频节目，如追动漫、美剧、韩剧等，他们也会变通利用手机来加以实现。他们将动漫、电视剧通过视频软件下载或缓存在手机里，在公交车上、作业完成后、上厕所等时间“小小地满足”一下，也有同学通过浏览故事梗概、评论等方式了解相关资讯，等到放假再慢慢欣赏自己喜欢的剧目。同时，在观看视频时，他们也不仅限于观赏，还会通过贴吧、剧评等与网友交流、互动和分享。

5.喜欢绘画、拍照、摄像：手机的拍照、摄像、美图、短片制作等功能，也受到了高中生的青睐，访谈中多名同学谈到在学校运动会、文艺演出时，通过手机拍照，再配上搞笑的文字和图示，分享到班级QQ群里、学校贴吧中，引起同学们的关注、评价和转发，非常有趣，也非常有成就感。同时，这些功能也用来记录自己生活中的点滴趣事，上传到自己的QQ空间，与以往、现在的同学、朋友分享，记录生活，增加回忆，留下成长的足迹。

6.其他个性化爱好：手机、互联网为我们提供了无限种可能，高中生也将通过它想象和创作无限未来。虽然受个人时间和精力所限，不能对所有调查的学生进行访谈，但访谈的内容也让笔者感受到了手机、新媒体技术为青少年所开启的创意空间和未来憧憬。在访谈中，大连八中某理工科男生希望手机能开发出一些为生活提供便利的软件以方便生活，他希望有一天自己设计一个公交车线路客户端，实时提供公交车运行情况，为出行提供方便。在吉林一中，有一位想出国读大学的男同学，他通过翻墙软件访问国外网站，通过 Facebook、Twitter 等社交软件，结识国外朋友，获取留学资讯。在呼和浩特二中，有的高三同学通过微信关注自己向往大学的公众微信平台，了解学校动态，并与已经就读该校的师哥、师姐联系，请他们提供关于学校的推荐和介绍。可见，当代青少年信息渠道是多元的，官方及主流媒体已经不再是唯一选择，他们通过手机、互联网为自己积累了成长所需要的社会资本。

手机在个体的口袋中建构起一个机构。[①] 有了手机，高中生可以获得有用的信息，这些信息有时候来自其他传播者，并以多级传播的方式传递：如最新的新闻资讯、自己关注的演出信息、QQ 空间中好友的动态、班级群里上传的学习资料、虚拟社群中对自己原创音乐的评价与交流，等等。晚上完成一天劳累的学习任务之余，打开"极品钢琴"活动一下手指，放松一下心情，再将满意的作品上传至 QQ 空间，等待朋友们的赏析，高中生已然参与到了自我的维持与社会的维持——自我的社会化和社会的制度化——之中。

总之，世界延伸到网络空间，将现实与虚拟、真实与模仿、在场与想象交织起来，让自己的愿望插上了理想的翅膀，有了飞行的方向、挥舞的空间，这些构成了青少年手机、数字技术的初期体验，其结果与感受必将影响以手机、互联网为代表的数字时代中青少年未来探索与实践的方向，也将影响个体与电子世界的关系，也必将影响数字技术未来的发展方向。

对波德里亚来说，不存在自足的个人，只存在利用社会体系——尤其

① 延森. 媒介融合：网络传播、大众传播和人际传播的三重维度[M]. 刘君，译. 上海：复旦大学出版社，2012：114.

是语言体系、物品体系和亲属体系——而使人们与社会秩序产生不同关联，从而建构起个体意识的方式。[①] 总之，在新媒体时代，信息传播技术渗透入青少年成长与发展的历程中，改变了学校、家庭对于青少年的传统教育与影响，信息技术的发展使得媒体对青少年成长的影响越来越大，将逐步形成新的教育关系。

(二)高中生自主利用手机媒介实现服务自我、发展自我的实践性

高中阶段是人生中社会交往与社会化的重要时期，高中生思想逐渐独立，自立人格逐步形成，家庭环境已经不能满足其成长需要，他们需要来自同学、伙伴的社会认同，在不断被肯定中成长。因此，社会交往在高中阶段具有重要的意义。

手机所构建的语境的移动性体现了社会关系整体结构的变化程度，即语境的变化。传播跨越时空传递着意义交流的语境，这些语境以虚拟的形式存在于传播者的头脑之中，并随着传播者从一个地方迁移到另一个地方。数字媒介使得语境的移动性达到了一个新的程度。首先，它们进一步模糊了体验式存在和缺席之间的界限。……其次，在潜在的行动语境中包含了上述缺席的语境，正是由于数字媒介的影响，这些语境具有了及时性和直接性。[②]

研究中发现，除现实世界中的班级、学校、社会团体中的真实人际交往外，高中生还通过手机互联网、社交媒体实现虚拟社会交往，线上、线下互动，虚拟与现实交织是当代青少年社会交往的重要特征之一。这种方式可以降低社会交往成本，保持以往的、现在的以及潜在的社会关系，丰富信息交流载体，拓宽社交圈。新的信息传播技术使高中生获得了更多的接触界面以及更强大的暗示功能，使青少年更加乐于在自己的社交网络和朋友圈中去获得认同，形成自己的社交网络，积累自己的社交资本和

① 菲斯克.解读大众文化[M].杨全强，译.南京：南京大学出版社，2001：33.

② 延森.媒介融合：网络传播、大众传播和人际传播的三重维度[M].刘君，译.上海：复旦大学出版社，2012：113.

成长资本。

访谈中发现，高中生手机社会交往主要通过即时通信、微博、社交网站、论坛等交往平台，日常应用较广泛、频度较高的是QQ、微信和人人网。其中QQ使用最频繁，在问卷调查中，QQ使用占94%，在访谈中，几乎所有的受访学生都使用QQ，几乎所有的班级都有QQ群，且存在规模和大小不等的QQ群若干个，方便不同范围人群之间的沟通与交流。在第三章以QQ空间为例对社交媒体的研究中发现，高中生通过社交媒体来分享信息、沟通交流，形成专属于本群体的社交网络，在相互交流与互动中彼此认同，培养参与意识和参与文化。

具体如下：

1. 班级QQ群：班级重要事情通知、学习资料分享、班级活动策划组织、学生之间趣事分享的平台，虽然白天可以面对面交流，但是有些话题还是需要通过网络平台交流与分享，这已经成为当代青少年的一种交流方式。在访谈中，几乎所有的受访者都表示即使自己在群里不发言，也要保持在线，在作业之余或空暇时间翻看一下大家的聊天记录，以便知道班里同学在讨论的话题，谁有什么有趣的言论，等等。QQ群成为同学之间相互交往、沟通与交流必不可少、时时在线的平台。

2. 班级小范围QQ群：每个班级的同学都会建立不同人群组成的小范围QQ群，由平时关系要好或具有特殊身份的人组成。小群体的人在一起讨论班级管理、班级活动或约会、吃饭、看电影、逛街等事宜，基于不同的目的，组建不同的在线群体，也是他们社交的重要特点。

3. 前朋友圈的QQ群：每个个体都会同时属于若干次级群体，有小学、初中甚至幼儿园，以及在课外班、社会活动中结识的朋友。各级朋友都通过QQ相互沟通、相互交流，保持友谊不断线，通过网络了解对方的动态、现状，分享不同地域的资讯，同时也将自己的动态发布到网上，彼此观望，相互品评对方的生活，心里既温暖又温馨，还不孤单，在网络空间中找寻彼此的共享与认同，拉近彼此的距离。

4. 与师长的交流平台：在高中生的社交圈中，家长、老师是特殊的交流对象，在大部分班级QQ群中，班主任老师都不加入，让同学们有一个自由平等的交流平台，老师有学习资料、想分享给学生的资料，会经由学生干部转发到班级群里。高中生个体之间有着专属的交流内容与交流密码，老师与家长的参与会破坏“真实”沟通，同学会“伪装”自己，因此，多数班级的QQ群，老师都会选择回避。但是，这并不妨碍同学们通过老师喜欢的网络平台，如人人网、微信、QQ空间等去观察老师的动态，同时，同学们也会通过网络与相关老师联系，寻求解决问题的途径和方法。由此可见，从某种意义上说，同学们在网络空间构建了一个相对私密的空间，而师长则更加开放、包容，乐于与同学通过新媒体平台相互交流与沟通。

5. 陌生的朋友圈：在网络世界中，陌生人在高中生群体中所占比例非常低，大部分同学QQ、微信、飞信通讯录中的联系人都是自己熟悉的人，在访谈中，只有少数同学偶尔在网络上结识朋友，并通过互联网保持联系，这其中有对自己生活、学习、兴趣、爱好有帮助的同学，也有结识不良朋友的现象。

网络为高中生提供了交往空间和平台，让这一代人用较少的时间、精力成本获得了跨越时间、空间距离的沟通与联系。这个窗口，既展示了自我，记录了生活，也了解了同时代他者的生活状态，与手机在通讯时代互留电话号码具有截然不同的社会意义，它具有完成高中生人生初级阶段社会资本积累的特征。

综上，在新媒体时代，学校、家庭、媒体之间形成新的教育关系，由于新的信息传播技术的创新性、普及性以及应用中所具有的引领性质，其对青少年教育成长的基本素质方面有更多的接触界面和更强大的暗示功能，从而在认同与参与方面比学校和家庭的作用更大。

二、研究不足与展望

四年的工作、学习相伴的时光，既充实又辛苦，过程中有发现问题的兴奋，也有被问题困惑的苦闷，当本书即将收尾之际，心中不免忐忑不安。

统揽整个研究过程，主要有如下三点不足：

首先，限于是个人小型研究，受到人力、财力和精力的限制，问卷调查的样本不够大，问卷面不够广，受访者中普通高中学生比重偏低，实证研究的数据还有待精确。高中生只是青少年中的一个特殊群体，样本中大部分学生均来自于重点高中，代表性不免有失偏颇。

其次，本人受工作所限，参与高中生媒介素养教学实践有限，仅在北京一所高中有过一个学期的实践经验，对于研究发现的阐释以及未来如何开展的建议难免有些乐观，实践中可能有意想不到的困难，需要日后在实践努力中不断完善。

第三，本书根据媒介素养理念确定了手机媒介素养研究框架，对其进行了可操作性设计，再通过访谈与观察等方法进行总结与分析。但是我们知道，个体的媒介使用行为是复杂的社会行为，个体之间差异很大，受个体心理、需求、态度对手机使用行为的影响。实证调查方法勾勒出我国目前高中生手机在使用、理解、创新与表达方面的基本情况，但缺乏更深、更全面的分析，仍然需要后续研究补充。

鉴于此，倘若将本书的成果真正用于手机媒介素养教育实践，本人有几点建议：第一，进一步拓宽实证研究的范围，充实数据量，使分析的结果更具有科学性和准确性，更具有说服性。第二，招募新闻传播类大学生或研究生，经过统一学习和培训，到高中学校开展手机媒介素养教育社会行动，检验研究成果，并切实推动媒介素养教育的开展。第三，加大组织传播力度，动员社会民间组织、教育研究机构、公共媒介、政府组织等共同推动社会运动，建议教育主管部门在教育改革的过程中，将手机媒介素养教育纳入素质教育体系中，建构立体化传播模式，逐步实现良性互动。第四，进一步加强手机媒介素养教育理论研究，媒介素养教育是一门理论性和实践性都强的学科。

尽管最近十年来媒介素养在中国逐渐成为一个热门的话题，但是要充分理解和认识公众自身的发展与鉴别能力的差异，认识到媒介生态所属的政治与文化环境本身的条件、局限和特殊需求，认识到媒介—受众关系中各种理性与非理性因素的影响力，并且将有关媒介素养的理念的共识最终演化为有效的实践行为，特别是建立起针对儿童、青少年媒介素养教育的长效机制，依然路途漫漫。[①]

【本章小结】

本章总结陈述了研究发现及研究结论，并提出发展我国高中生手机媒介素养教育的意见和建议。

相对于信息传播技术的高普及率和高渗透力，我国现行的教育体制对于信息传播技术的回应处于比较滞后的阶段，无论是观念、还是实践，无论是课程更新，还是教育引导，都未能即时做出变革和调整。

研究发现，目前高中生虽然已经具有一定的手机使用技能和使用经验，但在认识、理解、参与和实践方面仍处于较低的水平，停留在自我尝试和自我学习阶段，对于以新型互动技术为基础的学习、生活、交流、沟通、资源共享、社会协作等方面，尚未形成规模体验。但是也欣喜地看到，在高中生个性与共性的手机使用中，高中生利用手机媒介创造服务自我、发展自我的亚文化初见端倪。希望在今后的手机媒介素养教育的发展中，发挥青少年的主体性，发挥学校、家庭、社会、大众媒体的力量，形成合力，分步骤、分层次将手机媒介素养教育纳入教育主渠道，逐步提高我国青少年媒介素养水平。

① 陆晔，等. 媒介素养：理念、认知、参与[M]. 北京：经济科学出版社，2010：10.

参考文献

1. 中文文献

延森. 媒介融合:网络传播、大众传播和人际传播的三重维度[M]. 刘君,译. 上海:复旦大学出版社,2012.

贝克. 风险社会[M]. 汪浩,译. 上海:译林出版社,2004。

哈贝马斯. 公共领域的结构转型[M]. 曹卫东,等,译. 上海:学林出版社,1999.

哈贝马斯. 交往行动理论:第一卷[M]. 洪佩郁,蔺青,译. 重庆:重庆出版社,1994.

鲍德里亚. 消费社会[M]. 刘成富,全志钢,译. 南京:南京大学出版社,2000.

勒庞. 乌合之众:大众心理研究[M]. 冯克利,译. 北京:中央编译出版社,2000.

迪克. 作为话语的新闻[M]. 曾庆香,译. 北京:华夏出版社,2003.

麦克卢汉,泰格龙. 麦克卢汉精粹[M]. 何道宽,译. 南京:南京大学出版社,2000.

麦克卢汉. 理解媒介:论人的延伸[M]. 何道宽,译. 南京:译林出版社,2011 .

麦克卢汉. 理解媒介:论人的延伸[M]. 何道宽,译. 北京:商务印书馆,2000.

莫斯可. 传播政治经济学[M]. 胡正荣,等,译. 北京:华夏出版社,2000.

罗杰斯. 传播学史:一种传记式的方法[M]. 殷晓蓉,译. 上海:上海译文出版社,2002.

莱文森. 手机:挡不住的呼唤[M]. 何道宽,译. 南京:南京大学出版社,2004.

莱文森. 思想无羁:技术时代的认识论[M]. 何道宽,译. 南京:南京大学出版社,2003.

莱文森. 数字麦克卢汉:信息化新纪元指南[M]. 何道宽,译. 北京:社会科学文献出版社,2001.

莱文森. 新新媒介[M]. 何道宽,译. 上海:复旦大学出版社,2011.

彼得斯. 交流的无奈:传播思想史[M]. 何道宽,译. 北京:华夏出版社,2003.

理斯曼. 孤独的人群[M]. 王崑,译. 南京:南京大学出版社,2002.

莱茵戈德. 网络素养:数字公明、集体智慧和联网的力量[M]. 张子凌,等,译. 北京:电子工业出版社,2013.

李普曼.公众舆论[M].阎克文,江红,译.上海:上海人民出版社,2002.

菲德勒.媒介形态变化:认识新媒介[M].明安香,译.北京:华夏出版社,2000.

波斯特.第二媒介时代[M].范静哗,译.南京:南京大学出版社,2001.

波斯特.信息方式:后结构主义与社会语境[M].范静哗,译.北京:商务印书馆,2000.

辛格尔特里.大众传播研究:现代方法与应用[M].刘燕南,等,译.北京:华夏出版社,2002.

卡斯特.网络社会的崛起[M].夏铸九,王志弘,等,译.北京:社会科学文献出版社,2001.

波兹曼.童年的消逝[M].吴燕莛,译.桂林:广西师范大学出版社,2004.

庞蒂.数字化生存[M].胡泳,范海燕,译.海口:海南出版社,1996.

普尔.电话的社会影响[M].邓天颖,译.北京:中国人民大学出版社,2008.

赛弗林,坦卡德.传播理论:起源、方法与应用[M].郭镇之,译.北京:华夏出版社,2004.

波特.传播学概论[M].陈亮,等,译.北京:新华出版社,1984.

李特约翰.人类传播理论:第7版[M].史安斌,译.北京:清华大学出版社,2004.

巴兰,戴维斯.大众传播理论:基础、争鸣和未来[M].曹书乐,译.北京:清华大学出版社,2004.

菲斯克.解读大众文化[M].杨全强,译.南京:南京大学出版社,2001

查德威克.互联网政治学:国家、公民与新传播技术[M].任孟山,译.北京:华夏出版社,2010.

温德尔.大众传播模式论[M].祝建华,武伟,译.上海:上海译文出版社,1997.

史蒂文森.认识媒介文化[M].王文斌,译.北京:商务印书馆,2001.

白传之,闫欢.媒介教育论:起源、理论与应用[M].北京:中国传媒大学出版社,2008.

卜卫.大众媒介对儿童的影响[M].北京:新华出版社,2002.

蔡帼芬,张开,刘笑盈.媒介素养[M].北京:中国传媒大学出版社.2005.

陈龙.媒介素养通论[M].长沙:中南大学出版社,2007.

陈卫星.传播的观念[M].北京:人民出版社,2004.

单晓虹.媒介素养引论[M].杭州:浙江大学出版社,2008.

邓宗圣.媒体、教育与社会:媒介近用与媒体素养教育论文集[C].台北:巨流图书股份有限公司,2010.

段京肃,杜骏飞.媒介素养导论[M].福州:福建人民出版社,2007.

范红.媒介素养读本[M].北京:清华大学出版社,2008.

宫淑红,张洁.媒介素养教育理论与实践[M].济南:山东人民出版社,2010.

海松.无线营销:第五媒体的互动适应性[M].广州:广东经济出版社,2006.
黄瑞玲,肖尧中.现代人际传播视野中的手机传播研究[M].长春:吉林大学出版社,2010.
靖鸣,刘锐.手机传播学[M].北京:新华出版社.2008.
柯惠新,祝建华,孙江华.传播统计学[M].北京:北京广播学院出版社,2003.
匡文波.手机媒体:新媒体中的革命[M].北京:华夏出版社,2010.
匡文波.手机媒体概论[M].北京:中国人民大学出版社,2006.
李军林.信息时代的媒介素养[M].长沙:湖南人民出版社,2010.
刘海龙.大众传播理论:范式与流派[M].北京:中国人民大学出版社,2008.
刘勇,汪海霞.当代媒介素养教程[M].合肥:合肥工业大学出版社,2007 .
陆晔.媒介素养:理念、认知、参与[M].北京:经济科学出版社,2010.
陆晔.中国传播学评论(第三辑):媒介素养专辑[M].上海:复旦大学出版社,2008.
吕巧平.媒介化生存:中国青年媒介素质研究[M].北京:中国传媒大学出版社.2007.
倪桓.手机短信传播心理探析[M].北京:中国传媒大学出版社,2009.
秦永芳.青少年媒介素养教育研究[M].南宁:广西人民出版社,2008.
荣建华.中国媒介素养教育论[M].北京:中国社会科学出版社,2011.
申琦.手机信息传播法律与管理问题研究[M].厦门:厦门大学出版社,2010.
孙慧英.多重视域下的第五媒体文化研究[M].北京:北京邮电大学出版社,2010.
田青毅,张小琴.手机:个人移动多媒体[M].北京:清华大学出版社,2009.
童晓渝,蔡佶,张磊.第五媒体原理[M].北京:人民邮电出版社,2006.
王帆.教育技术学视野中的媒介素养教育研究[M].北京:中国社会科学出版社,2011.
吴伯凡.孤独的狂欢:数字时代的交往[M].北京:中国人民大学出版社,1998.
吴彭泽.中国与日本学生媒介素养比较研究:态度和策略[M].广州:华南理工大学出版社,2011.
杨击.传播·文化·社会:英国大众传播理论透视[M].上海:复旦大学出版社,2006.
袁军.媒介素养教育论[M].北京:中国传媒大学出版社.2010.
张冠文.媒介素养教育研究[M].北京:高等教育出版社,2008.
张开.媒介素养概论[M].北京:中国传媒大学出版社,2006.
朱海松.第五媒体:无线营销下的分众传媒与定向传播[M].广州:广东经济出版社,2005.
朱海松.手机媒体:手机媒介化的商业应用思维和原理[M].广州:广东经济出版

社，2008.

朱海松．无线广告：手机广告的发布形式与应用标准[M]．广州：广东经济出版社，2007.

陈仁新．试论我国手机媒体的经营策略与发展模式[D]．华东师范大学硕士学位论文，2008.

范玥．手机媒体传播功能研究[D]．新疆大学硕士学位论文．2011.

盖博．新媒介与社会关系网络建构[D]．北京大学博士学位论文，2009.

何晋文．我国手机媒体规制研究[D]．中国传媒大学博士学位论文，2009.

江宇．家庭社会化视角下媒介素养影响因素研究[D]．中国传媒大学博士学位论文，2008.

李宝敏．儿童网络素养研究[D]．华东师范大学硕士学位论文，2012.

李保金．大卫·帕金翰媒介素养教育思想初探[D]．中国传媒大学硕士学位论文，2009..

李凡卓．媒介批评之路：文化研究取向媒介素养教育研究[D]．北京师范大学博士学位论文，2009.

刘旸．手机媒体消费行为研究[D]．中国人民大学硕士学位论文，2007.

刘津池．当代媒介素养教育研究[D]．东北师范大学，2012.

庞嘉琪．从理论到实践：发展我国青少年媒介素养教育[D]．中国人民大学硕士学位论文，2007.

彭聪．媒介素养理论溯源研究[D]．东北师范大学硕士学位论文，2011.

施东．中国手机媒体经营模式研究[D]．中国人民大学硕士学位论文，2007.

司峥鸣．大众文化与媒介素养教育范式变迁[D]．武汉大学硕士学位论文，2004.

王克茹．手机媒体传播现象研究[D]．河南大学硕士学位论文，2008.

张洁．高中生媒介素养教育的实践研究[D]．山东师范大学硕士学位论文，2006.

张艳秋．信息社会媒介素养研究：兼论中国媒介教育的必要性和可行性[D]．中国人民大学博士学位论文，2005.

贝克，邓正来，沈国麟．风险社会与中国：与德国社会学家乌尔里希·贝克的对话[J]．社会学研究，2010，05：208－231.

卜卫．论媒介教育的意义、内容和方法[J]．现代传播－北京广播学院学报，1997(01)：29－33.

陈卫星．麦克卢汉的传播思想[J]．新闻与传播研究．1997(4).

陈卫星．麦克卢汉的传播思想[J]．新闻与传播研究．1997(4)：31.

邓瑜．陶涛．手机媒体：移动媒体的终极形态[J]．中国记者．2006(4)：64－65.

卢壮壮．手机媒体传播特点分析：每个人都是媒介中心[J]．今传媒．[EB/OL]．[2011-04-

20]http://industry. epuber. com/2011/0420/179. shtml.

闵大洪. 手机正在成为媒体工具[J]. 中国传媒科技 2001(6):10-12.

牛光夏. 参与式新闻浅析[J]. 青年记者. 2006(22):68-69.

秦学智 等. 传媒素养教育的几个重要概念辨析[J]. 现代传播,2011(12):121-125.

汤书昆. 孙文彬. "媒介素养"演变的历史与文化探析[J]. 东南传播,2009(01):170-172.

魏丽宏. 关于我国手机媒体研究的文献综述[J]. 中国传媒科技. 2011(2):70-73.

张冠文,于健. 浅论媒介素养教育[J]. 中国远程教育,2003(13):69-71.

赵瑞华. 媒介化生存与人的异化[J]. 新闻记者. 2010(2):29-31.

中国互联网信息中心. 2013 年中国青少年上网行为调查报告[R]. 2014(5).

2014 年中国社交类应用用户行为研究. [R/OL]. [2014-08-22]. http://www. cnnic. net. cn/hlwfzyj/hlwxzbg/201408/P0201408. 2379356612744. pdf.

中国互联网信息研究中心. 2013—2014 年中国移动互联网调查研究报告[R/OL]. [2014-08-26]. http://www. cnnic. net. cn/hlwfzyj/hlwxzbg/201408/P020140826366265178976. pdf.

彭少健,王天德. 2010 中国媒介素养研究报告[R]. 北京:中国国际广播出版社,2010.

中国手机浏览器行为研究报告. 中国互联网信息中心. [EB/OL]. [2012-09-17] http://www. cnnic. net. cn/hlwfzyj/hlwxzbg/ydhlwbg/201209/t20120917_36220. htm.

2. 英文文献

BUCKINGHAM. Media Education: Literacy,learning and contemporary culture[M]. Polity Press,2003.

BUCKINGHAM. The Media Literacy of Children and Young People[EB/OL]. [2013-06-03]http://eprints. ioe. ac. uk/145/1/Buckinghammedialiteracy. pdf. 2013:6.

POTTER. Media Literacy[M]. Sage Publications,2005.

ALVERMANN DB. Media,Information Communication Technologies,and Youth Literacies: A Cultural Studies Perspective[J]. American Behavioral Scientist,2004,48(1):78-83.

Conference Papers:International Communication Association Annual Meeting. An Analysis of participatory tools and media literacy learning outcomes in the University[C]. 2011:1-24.

AULD. et al. Using mobile phones as placed resources for literacy learning in a remote Indigenous community in Australia[J]. Language & Education: An International Journal,2012,26(4):279-296.

BULFIN S. New literacies as multiply placed practices: expanding perspectives on young people's literacies across home and school[J]. Language & Education: An International Journal,2012,26(4):331-346.

BURKE B R. Media Literacy in the Digital Age: Implications for Scholars and Students [C]. RCA Vestnik (Russian Communication Association),November,2008:14-24.

DEURSEN A,VAN DIJK J. Traditional Media Skills and Digital Media Skills: Is There Much of a Difference[C]. Conference Papers: International Communication Association Annual Meeting,2010:1.

ESHET Y. Digital Literacy. A Conceptual Framework for Survival Skills in the Digital Era [J]. Journal of Educational Multimedia & Hypermedia,2004,13(1):93-106.

GERBER H R,PRICE D P. Twenty— First— Century Adolescents,Writing,and New Media: Meeting the Challenge with Game Controllers and Laptops[J]. English Journal,2011,101(2):68-73.

GILLMOR. We the media: Grassroots Journalism by the People,for the People[M]. Sebastopol: O'Reilly Media Inc,2006.

GLENN A,SNYDER I,HENDERSON M. Using mobile phones as placed resources for literacy learning in a remote Indigenous community in Australia[J]. Language and Education,2012,26(4):279-296.

MERCHANT. The Trashmaster: literacy and new media[J]. Language and Education, 2013,27(2):144-160.

HOBBS R. Increasing Visibility for Digital and Media Literacy[N]. AEJMC News,2010, 43(4):14.

HOLTZ. et al. Utilizing Mobile Phones to Manage Asthma[R]. International Communication Association Annual Meeting,Michigan State University,2009.

JENRY J. Confronting the Challenges of Participantory Culture: Media Education for 21st Century[C]. The John D. and Catherine. T. MacArthur Foundation.

JERRY W,KITNER K R,MEHTA D. Mobile and Smatiphone use in urban and rural India[J]. Journal of Media & Cultural Studies,2012,26(5):685-697.

KAPLAN A M,HAENLEIN M. Users of the world,unite! The challenges and opportunities of Social Media[J]. Business Horizons,2010,53(1):59-68.

KELLNER D. Critical Perspectives on Visual Imagery in Media and Cyberculture[J]. Journal of Visual Literacy,2002,22(1):81-90.

KIRKLAND D E. Shaping the Digital Pen: Media Literacy, Youth Culture & MySpace [J]. Youth Media Reporter,2008,2(1):188-200.

KOLTAY T. The media and the literacies: media literacy,information literacy,digital literacy[J]. Media,Culture & Society,2011,33(2):211-221.

KRAUSZ P. Children and the New Media Literacy[J]. Australian Screen Education,2001, 25:106.

KUMAR K J. Media education and computer literacy in India: The need for an integrated 'compunication education'[J]. International Journal for Communication Studies,1987, 40(3):183-202.

HJORTH L,SUN S L. Mobile intimacy in an age of affective mobile media[J]. Feminist Media Studies,2012,12(4).

LISTER. New Media:A Critical Introduction (2nd Edition)[M]. London and New York: Routledge,2009.

LIVINGSTONE S. Media literacy and the challenge of new information and communication technologies[J]. Communication Review,2004,7(1):3-14.

LIVINGSTONE. Children and the Internet:Great Expectations,Challenging Realities[J]. Malden:Policy Press. 2010.

Media Education in the School 2.0 Era: Teaching Media Literacy through Laptop Computers and iPads[C]. Conference Papers—International Communication Association Annual Meeting,2012:1-25.

MICHELI M. New media literacies in after—school settings: Three curricula from the program 'Explore Locally,Excel Digitally' at Robert F. Kennedy Community Schools in Los Angeles[J]. Journal of Media Practice,2013,14(4):331-350.

ONEILL B. MEDIA LITERACY AND COMMUNICATION RIGHTS: Ethical Individualism in the New Media Environment[C]. International Communication Gazette, 2010,72(4/5):323-338.

PAILLIOTET. Reconceptulizing Literacy in the Media Age[M]. Connecticut,Stamford: JAI Press Inc,2000.

PLESTER B,WOOD C. Exploring Relationships Between Traditional and New Media Literacies: British Preteen Texters at School[J]. Journal of Computer－Mediated Communication,2009,14(4):1108-1129.

CHEN Q W,CHEN Y,ZHANG G L. Media Use and Media Literacy of Chinese City Residents in the Age of New Media: A Report Based on Focus Group Discussions in the Shanghai Area[C]. Conference Papers—International Communication Association Annual Meeting,2012:1-12.

SUTHERLAND R,ROBERTSON S,JOHN P. Interactive education: teaching and learning in the information age[J]. Journal of Computer Assisted Learning,2004,20(6):410-412.

RANIERI M,BRUNI ,I. Mobile storytelling and informal education in a suburban area: a qualitative study on the potential of digital narratives for young second－generation immigrants[J]. Learning,Media & Technology,2013,38(2):217-235.

SILVERBLATT A. Media Literacy:Keys to Interpreting Media Messages[M]. Praeger Publishers,2001.

Skills in the Digital Era[J]. Educational Multimedia and Hypermedia, 2004, 13(1): 93-106.

STERNBERG. et al. Enhancing adolescent literacy achievement through integration of technology in the classroom[J]. Reading Research Quarterly,2007,42(3):416-420.

THOMAS T. Learning New Literacies through Machinima[J]. Probing the Boundaries, 2010,69:135-147.

THURLOW C,BELL K. Against Technologization: Young People's New Media Discourse as Creative Cultural Practice[J]. Journal of Computer－Mediated Communication, 2009,14(4):1038-1049.

TYNER K. Literacy in a Digital World: Teaching and Learning in the Age of Information [J]. Journal of Literacy and Technology,2007,8(2):64.

VAN BAUWEL S. Media literacy and audiovisual languages: a case study from Belgium [J]. Educational Media International,2008,45(2):119-130.

WEISGERBER C. Public Voice and New Media Literacy Skills as a Learning Outcome in the Public Speaking Classroom[C]. Conference Papers—National Communication Association,2008:1.

A Global Imperative — The report of the 21st Century Literacy Summit[G]. The New Media Consortium, 2005.

The GoodPlay Project, Harvard Graduate School of Education, Project New Media Literacies, University of Southern California. Our Space: Being a Responsible Citizen of the Digital World[G]. 2011.

ESHET Y. Digital Literacy: A Conceptual Framework for Survival Skills in the Digital era[J]. Journal of Educational Multimedia and Hypermedia, 2004, 13(1): 93-106.

附录

附录1　高中生前期深度访谈提纲

手机接触	您平时喜欢用手机吗？ 最喜欢用手机来做什么？ 使用手机上网吗？最喜欢用手机上网做什么？ 您认为，自己的手机使用能力如何？ 手机使用中，遇到问题，如何处理？ 介绍一下你的手机使用情况吧？ 您是手机高手吗？班上有高手吗？高手哪里最厉害？
手机理解	您认为手机有哪些社会功能？ 您了解手机行业的运作规律吗？ 您对手机上获得的信息相信吗？ 您觉着自己有手机依赖吗？ 您控制手机使用时间和行为上的能力如何？ 您认为手机使用有风险吗？您意识到了的，有哪些？ 您知道如何防范风险吗？ 您知道哪些有关手机使用中的不道德行为？举例说明。
手机创作与参与	您愿意通过手机自我表达吗？ 您都通过哪些方式进行手机表达？ 您自己有过手机多媒体创作活动吗？ 您自己的手机表达能力怎么样？ 您认为，手机表达有哪些社会价值?. 您认为，通过手机表达对您个人和社会重要吗？ 您平时通过手机进行意见表达的行为表现如何？
其他问题	学校和父母对您手机使用方面，有过指导和帮助吗？ 送您一部新手机，您会选什么机型的？您将拿它来做什么？ 用一句话，描绘一下您与手机的关系？ 您希望未来的手机还具有什么功能？ 您对高中生使用手机的态度？ 您认为，目前高中生使用手机中的最大问题是什么？ 您认为，高中阶段分数重要？还是能力重要？学校在素质教育方面都做了哪些努力？ 您知道媒介素养教育吗？如果开展有关手机媒介素养的教育，您是否愿意参加？

附录 2　高中管理者前期深度访谈提纲

高中生手机使用态度及管理办法	学校对学生使用手机的态度？（支持？反对？中立？及其原因） 学校对学生使用手机的管理办法？（禁止？疏导？听之任之？） 您认为，学生使用手机，好处有哪些？坏处有哪些？
高中生手机使用现状	您了解到的，目前学校里学生使用手机的现状如何？（接触规模、时间、总体情况及存在的问题） 学校是否利用手机媒介协助管理学生？（如家校通、微博、人人网观察学生的思想动态等等） 学校是否对学生进行过有关手机、网络等新媒体方面的引导和教育？如通过校园媒体（如广播、板报、会议）、举办活动（主题班会、辩论赛等）、课堂引导等方式。
高中生学校的教育特色	学校的教育理念是什么？如何推行素质教育？如何看待学生的分数和素质之间的关系？ 现行的管理办法与教育理念的关系。（相吻合？相背离？）
对手机媒介素养教育的认知	对在学生中开展手机媒介素养教育的态度及原因。

附录 3　高中生家长前期深度访谈提纲

对高中生孩子手机使用态度	您对孩子使用手机的态度？（支持？反对？中立？及其原因） 您认为，孩子使用手机，好处有哪些？坏处有哪些？
高中生孩子使用手机管理办法	您对孩子使用手机的管理办法？（禁止？疏导？听之任之？） 学生使用手机，您最大的担心是什么？ 您了解目前孩子都用手机做什么吗？您翻看过孩子手机吗？ 您认为孩子使用手机，需要家长引导吗？
手机在父母与孩子关系中的表现	在手机使用方面，您和孩子谁更精通一些？谁指导谁更多一些？ 您会与孩子讨论有关手机使用的问题吗？
对手机媒介素养教育的认知	对于孩子使用手机，您认为，目前我们最急需做什么？ 如果对孩子开展有关手机的素养教育，您的态度是什么？

附录4　高中生手机使用情况调查问卷

编号：□

高中生手机使用情况
调查问卷

您好！

欢迎参加高中生手机使用情况问卷调查，此调查是学术研究课题，目的在于了解高中生手机使用情况，为指导和辅导高中生正确使用手机提供帮助。本调查不涉及个人隐私信息，调查结果仅用于学术研究，会对您提供的信息严格保密。非常感谢您的参与和支持！

中国传媒大学传播研究院

2012年12月

填答说明：1.选择题：在相应的选项后□内“√”；

2.量表题：1.2.3.4.5分别代表不同的程度，请根据自己的实际情况在相应级别的数字上“√”。一般“1”代表的程度最低，“5”代表的程度最高，以此类推；

3.问答题：直接写出您的答案；

4.时　间：10分钟左右。

第一部分 手机接触

A1. 您用手机吗？【单选】

1. 天天用□ 2. 偶尔用□

3. 从未用过□（选择此项请直接跳答第6页填答第四、五部分）

A2. 您拥有自己的手机吗？【单选】

1. 有□ 2. 没有□

A3. 您最初使用手机的时间？【单选】

1. 小学□ 2. 初中□ 3. 高中□ 4. 记不清了□

A4. 您最常用的手机操作系统？【单选】

1. iOS□ 2. Symbian□ 3. Android□

4. Windows Phone□ 5. 非智能机□ 6. 不知道□

A5. 上个星期，您的手机使用时间？【单选】

1. 一周内未使用□ 2. 1—2天□ 3. 3—5天□

4. 6—7天□

A6. 您昨天使用手机的时间？【单选】

1. 未使用□ 2. 半小时以内（含）□ 3. 半小时—1小时（含）□

4. 1小时—2小时（含）□ 5. 2小时以上□

A7. 您每个月手机的资费（含通话和上网费用）？【单选】

1. 30元（含）以下□ 2. 30元—50元（含）□ 3. 50元—100元（含）□

4. 100元以上□ 5. 不清楚□

A8. 在手机上从事以下活动的情况：（请选择相应的级别"√"）

		非常多	比较多	一般	比较少	非常少
1	打电话	5	4	3	2	1
2	发短信	5	4	3	2	1
3	发多媒体信息（含彩信）	5	4	3	2	1
4	玩游戏	5	4	3	2	1
5	听音乐	5	4	3	2	1

续表

		非常多	比较多	一般	比较少	非常少
6	看电子书	5	4	3	2	1
7	看视频	5	4	3	2	1
8	手机 QQ\MSN\飞信\微信	5	4	3	2	1
9	无线上网	5	4	3	2	1
10	设置日程表、备忘录	5	4	3	2	1
11	使用闹钟、计算器、电子词典	5	4	3	2	1
12	拍照、摄像、录音	5	4	3	2	1
13	设置个性化主题、铃声	5	4	3	2	1
14	条码、二维码识别	5	4	3	2	1
15	其他__________ （如果选该项，请填入具体内容。）	5	4	3	2	1

A9. 您对使用手机上网的意愿？【单选】

1. 非常愿意□　2. 比较愿意□　3. 用不用均可□
4. 不愿意□　5. 非常不愿意□

A10. 您目前使用手机上网的情况？【单选】

1. 重度使用□　2. 经常使用□　3. 正常使用□
4. 很少使用□　5. 从未使用□

A11. 您目前平均每天手机上网的时长？【单选】

1. 未使用□　2. 半小时以内□　3. 半小时—1 小时□
4. 1 小时—2 小时□　5. 2 小时以上□

A12. 以下网络应用通过手机和电脑的使用情况？（请选择相应的级别"√"）

应用类别	网络应用	手机上网					台式电脑（或笔记本电脑）上网				
		非常多	比较多	一般	比较少	非常少	非常多	比较多	一般	比较少	非常少
信息获取	搜索引擎	5	4	3	2	1	5	4	3	2	1
	网络新闻	5	4	3	2	1	5	4	3	2	1

续表

应用类别	网络应用	手机上网					台式电脑(或笔记本电脑)上网				
		非常多	比较多	一般	比较少	非常少	非常多	比较多	一般	比较少	非常少
网络娱乐	网络音乐	5	4	3	2	1	5	4	3	2	1
	网络游戏	5	4	3	2	1	5	4	3	2	1
	网络视频	5	4	3	2	1	5	4	3	2	1
	网络文学	5	4	3	2	1	5	4	3	2	1
交流沟通	即时通信	5	4	3	2	1	5	4	3	2	1
	博客/个人空间	5	4	3	2	1	5	4	3	2	1
	微博	5	4	3	2	1	5	4	3	2	1
	社交网站	5	4	3	2	1	5	4	3	2	1
	电子邮件	5	4	3	2	1	5	4	3	2	1
	论坛/BBS	5	4	3	2	1	5	4	3	2	1
商务交易	网络购物	5	4	3	2	1	5	4	3	2	1
	网上支付	5	4	3	2	1	5	4	3	2	1
	网上银行	5	4	3	2	1	5	4	3	2	1

A13. 请在您熟悉的图标下面[ ]内"√",并补充您经常使用的在相应类别最后一栏。

手机应用类别	手机应用图标	补充常用手机应用(填名称)
信息获取类	[ ] [ ] [ ] [ ] [ ] [ ] [ ] [ ]	1. 2. 3.
网络娱乐类	[ ] [ ] [ ] [ ] [ ] [ ] [ ] [ ]	1. 2. 3.
交流沟通类	[ ] [ ] [ ] [ ] [ ] [ ] [ ]	1. 2. 3.

续表

手机应用类别	手机应用图标	补充常用手机应用（填名称）
工具类	 [ ] [ ] [ ] [ ] [ ] [ ] [ ] [ ] [ ] [ ]	1. 2. 3.
创作类	 [ ] [ ] [ ] [ ] [ ] [ ] [ ]	1. 2. 3.

A14. 请评估一下您的手机使用能力？【单选】

1. 非常高□　　2. 比较高□　　3. 一般□

4. 比较低□　　5. 非常低□

A15. 您在手机上获得信息的数量？【单选】

1. 特别多□　　2. 比较多□　　3. 不多不少□

4. 比较少□　　5. 特别少□

A16. 您是否可以用手机快速查找信息？【单选】

1. 经常可以□　　2. 有时可以□　　3. 一般□

4. 有些困难□　　5. 非常困难□

A17. 您鉴别手机上获得的信息的能力？【单选】

1. 很好□　　2. 较好□　　3. 一般□

4. 较差□　　5. 很差□

A18. 您完成以下操作的情况：(请选择相应的级别“√”)

		非常多	比较多	一般	比较少	非常少
1	手机资料电脑备份	5	4	3	2	1
2	为手机下载安装新软件	5	4	3	2	1
3	为手机升级系统	5	4	3	2	1
4	刷机	5	4	3	2	1
5	通过电脑、无线网络更新手机内容，如添加电子书、歌曲和视频	5	4	3	2	1
6	资料备份云同步	5	4	3	2	1
7	其他__________ (列举周围很少有人会操作的手机功能，您能够完成。)	5	4	3	2	1

A19. 手机使用过程中，遇到问题，您如何解决？(请选择相应的级别"√")

		非常多	比较多	一般	比较少	非常少
1	向人请教	5	4	3	2	1
2	到论坛查找	5	4	3	2	1
3	到官网上查阅	5	4	3	2	1
4	查阅说明书	5	4	3	2	1
5	自己操作	5	4	3	2	1
6	不影响使用，无所谓	5	4	3	2	1
7	其他办法____________________ (如果选该项，请填入具体内容。)	5	4	3	2	1

第二部分　手机理解

B1. 您认为手机具有以下哪些社会功能？【多选，限选 5 项】

1. 传播信息□　2. 娱乐消遣□　3. 舆论监督□　4. 帮助学习知识□　5. 推动社会进步□　6. 传承文化□　7. 倡导思想理念□　8. 缓和社会矛盾□　9. 其他□

B2. 以下问题，请表明您的同意程度：(请选择相应的级别"√")

		非常同意	比较同意	说不清楚	比较不同意	非常不同意
1	明星用手机玩微博是因为他们喜欢与大家交流	5	4	3	2	1
2	手机应用排名是由手机用户的关注度和下载数量决定的	5	4	3	2	1
3	新手机内置的软件是手机生产商为方便消费者使用安装的	5	4	3	2	1
4	手机设置密码后，手机内储存的内容就不会外泄	5	4	3	2	1
5	手机微博让人们有了更多的话语权	5	4	3	2	1
6	Symbian、iOS、Android 都是目前智能手机比较常用的操作系统	5	4	3	2	1

续表

		非常同意	比较同意	说不清楚	比较不同意	非常不同意
7	智能手机的最大特点是触摸屏幕的	5	4	3	2	1
8	移动互联网与手机上网是一回事	5	4	3	2	1
9	手机更新换代速度之快，是人们手机使用要求越来越高的结果	5	4	3	2	1
10	我经常不知道如何判断手机上网查询到的资料是否可靠	5	4	3	2	1

B3.您对手机上获得信息的信任程度？【单选】

1.完全信赖□　　2.基本可信□　　3.半信半疑□

4.较不可信□　　5.完全不信□

B4.您在“控制自己手机使用时间”上的能力如何？【单选】

1.很有信心，完全可以控制□

2.不太有自信，偶尔会超时□

3.一般，很难控制□

4.没有自信，经常会失控□

5.完全不能控制，几乎总是忘记时间□

B5.您在“控制自己手机使用行为”上的能力如何？【单选】

1.很有信心，完全可以控制□

2.不太有自信，偶尔会跑题□

3.一般，很难控制□

4.没有自信，经常会失控□

5.完全不能控制，几乎总是忘记当初使用手机的目标□

B6.您出现以下手机依赖行为的情况如何：（请选择相应的级别“√”）

		非常多	比较多	一般	比较少	非常少
1	手机没在身边时会觉得没有安全感	5	4	3	2	1
2	联系隔壁班级的同学更倾向于打电话	5	4	3	2	1

续表

		非常多	比较多	一般	比较少	非常少
3	发短信或者 QQ 聊天而不是当面交谈	5	4	3	2	1
4	总把手机放在身上，如果没带就会感到心烦意乱，无法做其他事情	5	4	3	2	1
5	总会有“我的手机铃声响了”的幻觉，甚至经常把别人的手机铃声当作自己的手机在响	5	4	3	2	1
6	经常下意识地找手机，不时拿出手机看看是否有未接来电和短信	5	4	3	2	1
7	晚上睡觉也开着手机	5	4	3	2	1
8	当手机经常收不到信号时，会产生焦虑和无力感，而且脾气也变得暴躁起来	5	4	3	2	1
9	没有手机便觉得自己与外界失去联络，感到孤单和失落	5	4	3	2	1
10	使用手机后短时间内注意力难以集中	5	4	3	2	1
11	经常熬夜玩手机	5	4	3	2	1
12	聚会时脱离人群独自玩手机	5	4	3	2	1

B7. 您认为以下手机使用风险的危险程度。（请选择相应的级别“√”）

		非常严重	一般严重	适中	不太严重	一点也不严重
1	个人信息泄露风险	5	4	3	2	1
2	色情信息存在（图片、视频、性骚扰）风险	5	4	3	2	1
3	经济风险（广告、营销、金融诈骗、游戏）	5	4	3	2	1
4	技术风险（黑客、病毒）	5	4	3	2	1
5	人身风险（如人身安全、骗财、骗色）	5	4	3	2	1
6	健康风险（手机辐射、污染）	5	4	3	2	1
7	您还知道的风险（填名称）：__________	5	4	3	2	1

B8. 您知道如何防范上述风险吗？【单选】

1. 知道很多□　　2. 知道一点，不多□

3. 一点也不知道□　4. 无所谓□

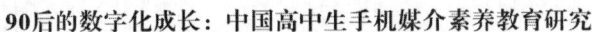

B9. 您主动寻求过防范风险的办法吗？【单选】

1. 寻求过□　　　2. 从没有寻求过□

B10. 手机对您日常生活的作用评价？【单选】

1. 非常重要□　　　2. 比较重要□　　　3. 一般□

4. 比较不重要□　　　5. 非常不重要□

B11. 手机对您自身学习和发展的作用评价？【单选】

1. 作用很大□　　　2. 有一些作用□　　　3. 一般□

4. 有点作用□　　　5. 完全没有作用□

B12. 以下手机使用中的不道德行为，请您评判一下它的程度。（请选择相应的级别“√”）

		非常不道德	比较不道德	一般	不太道德	有点不道德
1	手机偷拍	5	4	3	2	1
2	传播手机黄毒（图片、文字、视频等）	5	4	3	2	1
3	手机考试作弊	5	4	3	2	1
4	人肉搜索	5	4	3	2	1
5	网络欺负、网络谩骂、网络谣言	5	4	3	2	1
6	手机广告、推销	5	4	3	2	1
7	垃圾短信	5	4	3	2	1
8	您还知道的不道德行为：__________	5	4	3	2	1

B13. 您认为，高中生手机使用中道德问题情况怎样？

1. 非常严重□　　　2. 有些严重□　　　3. 一般□

4. 不严重□　　　5. 非常不严重□

第三部分　手机创作与表达

手机创作与表达：是指通过手机编辑文字、图片等技术手段，表达自己的观点和见解、参与公共事务讨论，扩大个人影响。

C1. 手机创作与表达的社会价值，您同意的程度，请选择。

		非常同意	比较同意	说不清楚	比较不同意	非常不同意
1	有助于平等表达、自由交流	5	4	3	2	1
2	有助于信息流动和意见形成	5	4	3	2	1
3	有助于公众参与公共生活	5	4	3	2	1
4	有助于公共事务的讨论和公共决策的科学性	5	4	3	2	1
5	有助于民主化进程	5	4	3	2	1
6	有助于监督公权力运行	5	4	3	2	1
7	有助于公民意识的提高	5	4	3	2	1
8	您认为，还有助于________________	5	4	3	2	1

C2. 目前，公众参与手机表达对社会发展的重要作用？【单选】

1. 非常重要□　　2. 比较重要□　　3. 可有可无□

4. 比较不重要□　　5. 非常不重要□

C3. 手机表达对您个人发展的重要作用？【单选】

1. 非常重要□　　2. 比较重要□　　3. 可有可无□

4. 比较不重要□　　5. 非常不重要□

C4. 您个人利用手机的综合表达能力如何？【单选】

1. 很好□　　2. 较好□　　3. 一般□

4. 较差□　　5. 很差□

C5. 以下手机创作与表达行为，您的参与程度。（请选择相应的级别"√"）

项目	分类	行为表现	经常	有时	适中	很少	从不
手机表达行为	人际表达	使用手机给家人、同学、老师打电话、发短信、发邮件、发微信、QQ 留言等行为	5	4	3	2	1
	意见表达	通过手机跟帖、回帖、转帖等行为	5	4	3	2	1
		通过手机在论坛、微博上发表意见、见解和观点	5	4	3	2	1
		用手机参与公众讨论、与他人分享个人经验和见解	5	4	3	2	1

续表

项目	分类	行为表现	经常	有时	适中	很少	从不
手机创作行为	多媒体制作行为	通过手机进行文字的创作、修改、拼接、编辑等活动，以表达个人观点和情感，以求影响他人和扩大个人影响	5	4	3	2	1
		通过手机对图片进行创作、修改、拼接、编辑等活动，以表达个人观点和情感，以求影响他人和扩大个人影响	5	4	3	2	1
		通过手机对音频、视频进行创作、修改、拼接、编辑等活动，以表达个人观点和情感，以求影响他人和扩大个人影响	5	4	3	2	1
		通过手机进行网页制作、空间设计	5	4	3	2	1

第四部分　人口统计指标

N1. 您是哪个年级的？

1. 高一□　　2. 高二□　　3. 高三□

N2. 您的性别：　1. 男□　　2. 女□

N3. 您（拟）学习的科类：1. 文科□　　2. 理科□

N4. 您在班级的学习成绩：1. 前 1/3 □　2. 中间 1/3 □　3. 后 1/3 □

N5. 您的家庭居住地：1. 农村□　　2. 县级城市□　　3. 地级城市□　　4. 省会级城市□

N6. 您家里的经济状况：

1. 很富裕□　2. 比较富裕□　3. 一般□　4. 比较贫困□　5. 非常贫困□

N7. 您在班级、学校、社团担任职务：1. 是□　　2. 否□

N8. 您是住校生，还是走读生：1. 住校□　　2. 走读□

N9. 如果让您给您的亲子关系按 0—10 打分，10 分为最高分，请问：

您会给您和您母亲的关系评分：（　　　）分

您会给您和您父亲的关系评分：（　　　）分

N10. 如果让您给您的学校按 0—10 打分，10 分为最高分，请问：

您会给您的学校评分:(   )分

N11. 您对学校的认知:【单选】

1. 推行素质教育,提倡学生全面发展□

2. 唯分数论,所有影响考分的事情都禁止□

3. 既注重考试分数,又注重学生综合素质的培养□

N12. 您所在学校对高中生使用手机的管理办法?【单选】

1. 校园内禁止使用手机□

2. 教室内禁止使用手机□

3. 随便使用,没有限制□

N13. 您父母对您使用手机的态度?【单选】

1. 不允许使用手机□

2. 允许使用,进行引导□

3. 随便用,没有限制□

N14. 您对高中生使用手机的态度?【单选】

1. 支持□ 2. 中立□ 3. 反对□

写明理由:________________________________

N15. 您所居住的社区有关于手机使用方面的宣传海报或培训吗?【单选】

1. 经常有□ 2. 偶尔有□ 3. 没有□

N16. 如果帮助高中生提高对手机的认知,您比较喜欢哪几种方式?【多选,限选 6 项】

1. 画册、海报□ 2. 广播□ 3. 电视□

4. 网站□ 5. 论坛□ 6. 手机短信(手机报)□

7. 主题讨论、辩论赛□ 8. 课堂学习□ 9. 家长指导□

10. 同学之间相互学习□ 11. 社区活动□

N17. 如果将手机应用到平时的课堂上和学习中,您的意见如何?【单选】

1. 太好了,那样学习将会非常有趣,很有创意□

2. 好是好,很难做到吧,有点异想天开□

3. 没想过□

4.不行吧，难于操作和实现□

5.肯定不行，那样会影响学习□

N18.您认为高中生使用手机的好处有哪些？

N19.您认为高中生使用手机的坏处有哪些？

N20.送您一部新的智能手机，您将如何利用它？

N21.用一句话，描写一下您与手机的关系？

N22.您希望未来的手机还具有什么功能？

N23.您所在的学校：________________

班级：________________

N24.手机：________________

N25.邮箱：________________

N26.微博：________________

N27.Q Q：________________

N28.人人：________________

……………使用手机同学的问题到此结束，感谢您的回答！……………

第五部分　未使用手机学生问卷

D1.您虽然没有手机，但您认为手机具有以下哪些社会功能？【多选，限选5项】

1.传播信息□　2.娱乐消遣□　3.舆论监督□

4.帮助学习知识□　5.推动社会进步□　6.传承文化□

7.倡导思想理念□　8.缓和社会矛盾□　9.其他□

D2. 以下关于手机的问题，请表明您的同意程度：(请选择相应的级别"√")

		非常同意	比较同意	说不清楚	比较不同意	非常不同意
1	明星用手机玩微博是因为他们喜欢与大家交流	5	4	3	2	1
2	手机应用排名是由手机用户的关注度和下载数量决定的	5	4	3	2	1
3	新手机内置的软件是手机生产商为方便消费者使用安装的	5	4	3	2	1
4	手机设置密码后，手机内储存的内容就不会外泄	5	4	3	2	1
5	手机微博让人们有了更多的话语权	5	4	3	2	1
6	Symbian、iOS、Android 都是目前智能手机比较常用的操作系统	5	4	3	2	1
7	智能手机的最大特点是触摸屏幕的	5	4	3	2	1
8	移动互联网与手机上网是一回事	5	4	3	2	1
9	手机更新换代速度之快，是人们手机使用要求越来越高的结果	5	4	3	2	1
10	我经常不知道如何判断网上查询到的资料是否可靠					

D3. 您没有使用过手机的原因是？【单选】

1. 学校禁止使用□　2. 家长不让用□　3. 自己不想用□

4. 买不起手机□　5. 其他□

D4. 您会因为没有手机在同学中间感到自卑吗？【单选】

1. 完全没有自卑感□　2. 有点自卑□　3. 无所谓□

4. 比较自卑□　5. 非常自卑□

D5. 您觉得使用手机的同学与您会有不同吗？【单选】

1. 没有不同□　2. 有点不同□　3. 无所谓□

4. 有些不同□　5. 非常不同□

D6. 不考虑其他因素，您想拥有自己的手机吗？【单选】

1. 非常想□　2. 一般想□　3. 用不用均可□　4. 不想用□

D7. 您认为，与有手机同学相比，你们之间最大的不同是什么？

……………………问卷到此结束，感谢您的回答！……………………

附录5　框架评估专家介绍(按姓氏拼音为序)

白传之，山东教育电视台研究室副主任，国内研究媒介素养的少数专家之一。主要研究方向：媒介产品与整合传播策划、媒介项目评估、媒介教育、文化产业项目策划。专著《媒介教育论》为国内首部媒介教育理论性专著。发表《十年：追寻媒介素养教育本土化的轨迹》《论媒介素养教育课程模型的建构与应用》《新媒体发展模式初探》《试论中国媒介素养教育课程模型的建构》《中国媒介教育目标体系构建与评估》《公众媒介素养指数初探》等媒介教育方面的学术论文。

陈卫星，中国传媒大学教授、博士生导师，现任中国传媒大学传播研究院副院长、国际传播研究中心主任，研究领域为传播学基础理论、国际传播、视觉传播、媒介文化。代表性论著有专著《传播的观念》、论文集《以传播的名义》、译著《世界传播与文化霸权》、编著《网络传播与社会发展》《全球化背景下的广播电视》《国际关系与全球传播》、主编《新闻传播学·新视界译丛》(1套5册)，参与并担任连州国际摄影节等国内外重要文化活动的学术评议人和展览策展人。

耿益群，中国传媒大学传播研究院传媒教育研究中心副教授。研究领域包括媒介素养教育、国际与比较教育、比较高等教育。发表学术论文有《教育国际化背景下国外高校媒介素养教育课程发展现状》《美国、加拿大和澳大利亚媒介素养教师教育的经验与启示》等等，主持北京市"十一五"规划重点课题"媒介素养教育课程研究"以及"中美传媒素养教育融入式课程比较研究"等科研课题。

李月莲，香港浸会大学新闻系副教授、香港传媒教育协会副主席。自2000年以来，她一直参与并推动香港和中国内地的传媒教育发展。现任香港传媒教育协会副主席、浙江大学媒介素养研究名誉顾问、联合国教科文组织的咨询委员会委员，推动全球媒介与信息素养(MIL)评估框架的制定。研究领域有媒介教育、媒介和信息素养、在线新闻媒体、网络一代、Web2.0 和数字媒体、知识社会等领域。2014 年发表学术论文有 *Moving from ML to MIL: Comparison between the Hong Kong and mainland China experiences*, *The development trend of media literacy research*, *Media literacy and information literacy: Similarities and differences*, *Hong Kong media education in the Web 2.0 era: Engaging with the Net generation*, *The foresight of media literacy*, *Global media and information literacy assessment framework: Country readiness and competencies*, etc.

马宁，中国传媒大学传播研究院传播学博士研究生，关注新媒体传播、文化创意产业、整合营销传播、移动互联网等领域；先后就职于腾讯、奥美及数家创业团队，具有十年以上的新媒体传播和整合营销的业界经验，曾与英特尔、IBM、GE、捷豹路虎、卡特彼勒等知名跨国企业在 B2B 等垂直领域展开创新合作；参与中国传媒大学与北京市贸促会共建教学科研实习基地建设，与北京市贸促会在北京国际科技产业博览会(科博会)、北京国际文化创意产业博览会(文博会)等项目中进行新媒体和整合传播等方面的深入合作；中国传媒大学国际传播研究中心新媒体实验室发起人，与长城会、英特尔、甲骨文、奥美、腾讯、百度、中国国际广播电台等合作伙伴在信息技术、媒介融合、移动互联网等领域开拓创新合作和资源共享。

秦学智，中国传媒大学传媒教育研究中心副研究员、传播学专业媒介素养方向硕士研究生导师。主要致力于传媒素养教育教学、研究和硕士研究生人才培养。主要论著有 2006—2008 年博士后出站报告《传媒素养教育论》，学术文章有《试论大众传播效果研究对传媒素养教育发展的影响》《帕金翰超越保护主义媒介教育观点解读》《媒介素养教育：中国教育发展的新动向》《加快我国高校媒介素养教育学科建设的几点思考》《传媒素养教育者应有的教育观念》《媒介教育：超越社会和自我最有效的途径之一——访香港传媒教育协会主席、香港大学张志俭博士》《试论人类传媒素养教育的历史开端和古今传媒素养课程的设课方式》《2010中国媒介素养研究报告》《传媒素养教育教学的内容及其理论探讨》等。主持课题有北京市“十一五”规划重点课题“媒介素养教育课程研究”、国家广电部课题“传媒教育学科发展和课程研究”、中广协会“媒介素养教育的评估体系研究”、国家社会科学基金“十一五”规划教育学重大（重点）课题“社会变革时期青少年思想道德发展的新情况与对策研究”子课题“网络、媒体与青少年思想道德状况调查研究”、院级项目“中美传媒素养教育融入式课程比较研究”、校级长期横向研究项目“中国青少年儿童传媒素养教育计划”等。

闫欢，东北师范大学副教授，吉林省青少年素质教育基地顾问。现任教于传媒科学学院新闻系，从事教学与科研工作。担任新闻专业本科生基础课《社会心理学》、专业基础课《新闻心理学》《国际传播学》与硕士生专业必修课《新闻与传播心理研究》《媒介素养研究》、学校通识教育课《媒介素养教育》的主讲教师，硕士生指导教师。

臧海群，兰州大学新闻与传播学院教授，研究领域为传播学理论、文化研究、传播政治经济学、媒介管理、媒介素养等。主持中国青年政治学院课题“信息时代的青少年媒介素养研究”、中广协会媒介素养教育基地课题“重要媒体对公众媒介素养教育作用研究”、国家广电总局年度社科课题“政府（职能部门）在公众媒介素养教育中的作用研究”等，发表《传播学教育新动向：从媒介研究到媒介素养》《媒介素养：青少年素质教育的重中之重》等学术论文。

附录6　问卷与调查高中学校名录及简介

学校名称	办学地点	学校特色
长春市第二中学	吉林省长春市	吉林省重点中学、省首批示范性高中
大连市第一中学	辽宁省大连市	辽宁省重点中学、省级示范性普通高中

续表

学校名称	办学地点	学校特色
北京市广渠门中学	北京市	北京市示范性普通高中
广西师范大学附属中学	广西壮族自治区桂林市	广西壮族自治区示范性普通高中
湖南师范大学附属中学	湖南省长沙市	湖南省首批八所重点中学、湖南省示范性普通高级中学
华中师范大学第一附属中学	湖北省武汉市	湖北省首批示范高中，湖北省首批重点中学
临川第二中学	江西省抚州市	江西省优秀重点中学，也是江西省文明单位、全国现代教育技术实验学校
龙岩第一中学	福建省龙岩市	福建省首批重点中学
绵阳中学	四川省绵阳市	四川省重点中学、省首批国家级示范性高中
清华大学附属中学	北京市	教育部直属大学附中、北京市重点中学、北京市首批示范性普通高中。
屯溪第一中学	安徽省黄山市	安徽省首批重点中学、安徽省示范高中、教育部首批现代教育技术实验学校。
西安中学	陕西省西安市	陕西省教育厅唯一直属的一所省级重点中学
西北师范大学附属中学	甘肃省兰州市	甘肃省级重点中学和省级示范性高级中学
义乌中学	浙江省义乌市	浙江省一级特色示范高中

特别鸣谢上述高中学校给予本书的大力支持！

编者的话

2014年是我的母校60周年校庆的重要日子，在那一年，由我所在的文科科研处牵头组织评审并选定了一批青年学者的学术专著加以支持出版。之后的一年多时间里，我们反复与作者和出版社沟通、提供修改意见，工作忙碌、琐碎而辛苦，甚至具体到选定封面设计这样的细微之处。想来，当我们看到这一系列专著整齐地摆放在案头时，会感到超乎寻常的价值吧。

“先寻桃源作太古，欲栽大木柱长天。”这是民国时期杨昌济教授所撰联语，一直使我受教颇深。自留校任教15年来，如果说在科研领域还小有所成，能够增益母校于万一的话，那要非常感念母校的栽培和前后两任科研处长车晴教授和胡智锋教授的提携。两位先生一为名门忠烈之后，行事如光风霁月，威望素著；一为闻一多先生再传弟子、学富五车的长江学者，后学晚辈受益者众。在他们先后主持下的科研处，为我们这一批当年的青年人的成长提供了宽广而坚实的平台。“榜样的力量是无穷的”，在杰出前任的重大压力之下，我也希望通过领导的支持和自己与同事们的共同努力，为学校的青年学者提供一片“柱天大木”得以成长的平台。今天，这已经成为我们工作的重要愿景。

优秀青年学者们要走的路还很长，我校文科科研工作要走的路同样很长。“撑一支长篙，向青草更青处漫溯”，我们愿意做这支长篙，使青年教师们得以助力，通往宽阔丰美的彼岸。

段鹏
于中国传媒大学梧桐书屋东侧办公室内
2015年12月9日

图书在版编目(CIP)数据

90后的数字化成长:中国高中生手机媒介素养教育研究 / 于杨著. —北京:
中国传媒大学出版社,2017.5
(中国传媒大学青年学者文丛·第一辑)
ISBN 978-7-5657-1975-2

Ⅰ.①9… Ⅱ.①于… Ⅲ.①移动电话机—传播媒介—影响—青少年教育—中国
Ⅳ.①G206.2 ②TN929.53 ③G775

中国版本图书馆CIP数据核字(2017)第098864号

90后的数字化成长:中国高中生手机媒介素养教育研究
90HOU DE SHUZIHUA CHENGZHANG:ZHONGGUO GAOZHONGSHENG SHOUJI MEIJIE SUYANG JIAOYU YANJIU

著　　者 于　杨
策划编辑 蒋　倩
责任编辑 黄松毅
特约编辑 李克俭　张　静
责任印制 阳金洲
装帧设计 郭　琳

出版发行 中国传媒大学出版社
社　　址 北京市朝阳区定福庄东街1号　邮编:100024
电　　话 86-10-65450528　65450532　传真:65779405
网　　址 http://www.cucp.com.cn
经　　销 全国新华书店

印　　刷 北京玺诚印务有限公司
开　　本 710mm×1000mm　1/16
印　　张 14.75
版　　次 2017年6月第1版　　2017年6月第1次印刷

书　　号 ISBN 978-7-5657-1975-2/G·1975　　**定　　价** 59.00元